생태 문명을 향한 교육 원리

일러두기

- 이 책은 2021년 경기도교육연구원에서 발간한 연구보고서 『생태문명으로의 전환과 새로운 교육 패러다임』을 기초로 집필되었습니다.
- 인명, 작품명, 저서명, 개념어 등은 한글과 함께 괄호 안에 해당 국가의 원어를 병기했습니다.
- 외래어 표기는 현행 어문 규정의 외래어 표기법을 따랐습니다.

생태 문명을 향한 교육 원리

경기도교육연구원 기획
남미자 · 이윤영 · 이희진 · 정용주 지음

대한민국, 서울, 학이시습, 2024

생태 문명을 향한 교육 원리

기 획 경기도교육연구원
지은이 남미자 · 이윤영 · 이희진 · 정용주
펴낸이 박영률

초판 1쇄 펴낸날 2024년 12월 31일

학이시습
출판등록 제313-2007-000166호(2007년 8월 17일)
02880 서울시 성북구 성북로 5-11
전화 (02) 7474 001, 팩스 (02) 736 5047
learningbooks@commbooks.com
www.commbooks.com

ISBN 979-11-288-9009-3

책값은 뒤표지에 있습니다.

차례

1장
기후 위기 시대, 생존을 위한 대전환

기정사실이 된 기후 재난

예상하지 못했던 코로나19 바이러스로 인간이 자연을 통제할 수 있다는 믿음에 대한 반성과 문제 제기가 전 세계적으로 이루어지고 있다. 백신이 개발되고 예방 접종이 시작되면서 코로나19 바이러스를 통제할 수 있으리라 기대했으나 변이 바이러스가 생겨나는 등 바이러스는 쉽게 정복되지 않고 있으며, 새로운 변종이 언제 다시 나타날지 알 수 없다. 과학 기술의 발전과 사회의 진보로 삶의 거의 모든 영역을 지배할 수 있을 것이라 믿어 왔던 인간 사회는 모순적으로 바이러스라는, 지구상에 존재하는 생명체의 성질을 가진 가장 작은 존재에 의해 위협받고 있다.[1)]

---

1) 바이러스는 생물과 무생물의 중간 단계로 분류되며 생명체로서의 성질

의료사회학자 스노든(Frank Snowden)은 전염병을 "우리가 누구인지 비춰 주는 거울"이라고 말하면서 이를 사회적 현상으로 해석해야 한다고 강조했다(정형철, 2020:186에서 재인용). 전염병은 사회의 취약한 지점에서 발생하며, 전염병을 이해함으로써 그 시대와 사회의 고유한 취약성을 파악할 수 있기 때문이다.

우리가 해야 할 일은 코로나19 바이러스라는 기표(記標)에서 현시대와 사회의 취약성이라는 기의(記意)를 발견하는 일이다. 때때로 위기가 기회로 작용하듯 코로나19로 삶 전반을 재고(再考)하게 된 지금 어떤 생각을 하고 무슨 행동을 할지, 즉 어떻게 살아갈지 선택하는 것은 우리 삶의 지속 가능성을 결정하는 중요한 변곡점이 될 것이다.

코로나19 팬데믹 이후 기후 위기에 대한 사회적 관심이 커졌다. 정부는 '2050 탄소 중립'을 선언하고, 「환경교육진흥법」을 개정했으며, 기후 위기 인식 제고를 위한 공익 광고를 실시하고 있다. 또한 전국시도교육감협의회는 '학교환경교육 비상선언'을 했다. 그러나 배달 음식 이용과 온라인 쇼핑이 급증하면서 포장재, 플라스틱 등의 사용이 증가했고, 위생과 방역을 위한 일회용품의 사용 역시 증가했다.[2] 정부도

을 일부만 지니고 있다.

2050년까지 '넷제로(Net-zero, 탄소 중립)'[3]를 목표로 그린 뉴딜을 발표하는 동시에 해외 석탄 화력 발전소 투자를 계획하고 신규 석탄 화력 발전소(총 7기)를 건설 중이다(김정연, 2020). 기후 위기에 대한 인식이 확산하고 있음에도 기후 위기를 심화하는 모순적 상황이 발생하고 있다.

이미 기후 위기를 넘어 기후 재난이 기정사실화하고 있다. 세계기상기구(World Meteorological Organization, WMO)에 따르면, 지구 온난화가 가속화하고 있으며 그로 인한 폭염과 폭우로 매년 막대한 인명과 재산 피해가 발생하고 있다. 또한 기상 이변으로 인한 식량 위기와 생태계 위험도 심각한 수준이다(WMO, 2020). 경제 성장 중심의 자본주의 체제하에서 현재의 기후 위기를 막을 방법은 없다. 이 체제의 핵심은 대량 생산이며 그것을 떠받드는 것은 소비 욕망이다. 생산력 지상주의 체제를 유지하기 위해 노동 착취뿐만 아니라 자연 착취가 동원되었다. 따라서 기후 위기에 대응하려면

---

2) 일회용품, 포장재의 상당수가 플라스틱이다. 플라스틱은 생산과 유통뿐 아니라 폐기, 소각, 재활용 등 대부분의 과정에서 이산화탄소를 배출하는, 탄소 집약적인 생애 주기를 가진 지구 온난화에 큰 영향을 미치는 물질 중 하나다.

3) '넷제로'란 이산화탄소를 비롯한 모든 온실가스의 순 배출량을 0으로 만든다는 개념이다.

전 지구적으로 뿌리 깊이 내재되어 인간 사회를 지배해 온 세계관의 전면적 전환이 필요하다. 즉, 새로운 가치관과 철학을 토대로 우리 삶의 근간을 새롭게 해야 한다.

대전환, 석유 문명에서 생태 문명으로

근대 산업 문명을 일각에서는 석유 문명이라고 명명하는데, 산업화 이후 석유라는 화석 연료를 기반으로 대량 생산의 경제 체제를 유지해 왔기 때문이다(김종철, 2019:258). 쿤슬러(James Kunstler)는 단기간에 이루어진 폭발적 인구 증가와 물질적 풍요가 지구의 유한한 자원인 화석 연료를 한꺼번에 소모하고 고갈시킨 결과이며, 이는 결국 인간종 전체의 멸종으로 이어질 것이라고 주장한다(Kunstler, 2006/2011).

실제로 석유와 같은 화석 연료는 머지않아 고갈될 것이고, 과거처럼 값싼 화석 연료의 공급은 더 이상 불가능하다. 이는 과거 산업화 시절에 경험했던 급속한 경제 성장이 재현될 가능성이 거의 없다는 의미다. 그럼에도 여전히 "경제 성장이 곧 생존"(이병철, 2013:177)이라는 신념에 매여 경제 불황에서 벗어나려고 몸부림치고 있다. 그러다 보니 국가 간, 계층 간 자원의 쟁탈을 위한 경쟁과 대립이 심화되고, 사회 ·

경제적 약자의 피해가 커지고 있다.

(경제) 성장은 언제나 선인가? 라투슈(Serge Latouche)는 "모든 것을 한없이 증대하는 것이 필연적으로 좋은 일이라는 생각"이 일종의 종교라고 주장한다(Latouche, 2010/2014:69). 지금껏 추구해 온 경제 성장으로 우리가 얻은 것은 모두의 만족스러운 삶이 아니라 폐기물과 오염의 증가, 생태계 파괴와 같은 생존의 위협이기 때문이다.

지구는 유한한 물질세계다. 일각에서 태양열, 풍력과 같은 재생 에너지가 무한한 에너지원이 될 것이라고 예측한다. 하지만 태양열, 풍력은 자연적으로 에너지로 전환되지 않을 뿐더러 전환된 에너지를 저장할 배터리가 필수적이다. 그러한 배터리는 리튬과 같은 광물로 만들어지기에 결과적으로 재생 에너지 역시 무한히 사용할 수는 없다. 따라서 성장은 물리적으로 지속될 수 없다. 이뿐만 아니라 성장은 사회적으로도 무한히 가능하지 않다(D'Alisa et al., 2014/2018).

한편 라투슈는 무한한 경제 성장을 지향하는 자본주의 경제 구조를 비판하는데, 기본적으로 삶에 필요한 물질의 충족이 이루어진 상태에서는 성장이 희소가치가 높은 위치재에 대한 욕망으로 이어지기 때문이다. 즉, 경제가 성장하고 생산력이 높아질수록 더 희소한 위치재를 욕망하게 되는데, 이는 결코 달성할 수 없는 무의미한 목표다(Schuker, 2013). 또한 위치재 추구는 제로섬 게임이라는 점에서 불평등과 연결된다. 따라서 무한 성장에 대한 신념은 모두를 "가난한 중독자"(Latouche, 2010/2014:121)로 만들 뿐이다.

우리는 화석 연료가 고갈되고, 탄소 배출이 한계에 이른 상황에서, 즉 화석 연료에 기댄 근대 문명의 끝자락에서 무한 성장이라는 허구적 신념을 계속 좇을 것인지, 아니면 성장을 멈출 것인지 그 기로에 서 있다. 인간의 자연 지배가 선이고, 경제 성장이 자연스러운 것이며, 물질적 진보가 권리라는 사회 질서에 이의를 제기하고 삶의 방식을 전환하기를 요청받고 있다.

지금 우리는 근대 문명에서 생태 문명으로 전환되는 시대적 맥락 속에 놓여 있는지도 모른다. 이미 극단적 기후 변화와 지구 생태계의 파괴를 경험하고 있으며 생존 위기에 내몰렸다. 유한한 물리적 세계인 지구에서 계속 성장하고 진보할 수는 없다. 현재와 같은 위기 상황에서 생존을 위한 유일한 방법은 지구 생태계의 순환 질서를 따르는 것이다. 지구 생태계와 단절된 삶의 방식을 완전히 전환하여 지구 생태계의 일부가 되어 스스로를 자연과 연결된 존재로 인식하고 공존을 모색해야 한다. 그것이 곧 생태 문명으로의 전환이다.

생태 문명을 위한 패러다임 전환

근대 문명을 지탱하는 인식 체계는 인간 중심적 주체론과 이분법적 분리주의다. 예컨대 인간과 자연, 정신과 몸, 이성과 감정 등 인간 이성을 정점에 두고 나머지와 구분 짓는 방식이다. 그러한 인식 체계는 자연이나 세계를 이루는 단위들이 유기적으로 연결되어 전체를 이룸에도 각 부분을 분리된 존재론적 단위로 보는 방법론적 개체주의를 강화했다. 그 결과 주체와 대상이 존재론적으로 분리됐고, 대상에 비해 우월한 능력을 가진 주체가 대상을 지배하는 지배 논리가 생겨났다. 지배 논리에 기반한 관계는 대상을 자신의 목적 달성을 위한 수단이나 도구로 간주하는 것, 다시 말해 억압과 착취를 정당화했다.

근대 문명의 토대 위에서 교육은 전 지구적 위기에는 무관심한 채 개인의 더 나은 사회 · 경제적 지위 획득을 통해 경쟁력 있는 세계적 인재를 양성하고자 했다. 다시 말해, 신자유주의와 능력주의 이데올로기라는 강력한 기제를 토대로 교육은 '개인의 경제적 도구' 역할을 충실히 해 왔다. 교육의 도구적 속성을 문제 삼기보다 교육을 계층 이동의 사다리로 여기면서 개천에서 용이 나게 하는 교육 제도를 이상적이고 정의로운 제도로 여겼다(남미자, 2020). 이런 상황에서 교육은 일종의 생존 게임이 되었고 규칙이 제일 중요해졌으며, 자연스럽게 교육의 공적 기능보다는 공정성에 집착하게 되었다. 결과적으로 교육의 근본적 목적이나 지향과 같은 논의는 주변부로 밀려났고, 교육은 공적 기능을 상실했다. 교육과 경쟁을 연결하면서 '모두의 좋은 삶'을 말할 수는 없기 때문이다.

오어(David Orr)는 근대 교육이 자연과 사회를 구분하고 전체를 분리된 부분들의 단순 합으로 환원하는 이분법적 분리주의와 인간 중심적 주체론이라는 근대 문명의 패러다임 속에서 인간을 생명으로부터 멀어지게 하고, 이론과 실무, 지성과 감정을 분리하고 통합 대신 분열을 조장하고 탐욕을 지적 영리함이라는 이름으로 덮어 버리는 과오를 저질렀다고 주장한다(Orr, 2004/2009). 그런 점에서 정규 교육이 근대 문명 쇠퇴의 공범이라고 지적하면서 스나이더(Gary Snyder)의 말을 인용하여 "우수한 교육을 받은 엘리트들이 세계를 파탄 내고 있다"고 말한다.

가치와 사실을 분리하는 것도 주체/대상의 존재론적 이분법과 관련된다. 과학 기술은 가치에서 자유롭다고 여겨져 왔으며, 여기에 인간의 자연 지배 논리가 결합해 자연 착취가 극대화되었다. 산업화 이후 급격히 증가한 이산화탄소 배출량은 지구 온난화와 그에 따른 홍수, 가뭄, 태풍 등의 기후 재난으로 이어지고 있다. 자연에서 직접적 피해가 발생해 수많은 자연 생명이 죽고 있으며 인간의 생명 역시 위협받고 있다. 따라서 이러한 문제를 해결하기 위해서는 문명사적 패러다임의 전환이 절대적으로 요청된다.

이 책에서는 패러다임 전환이라는 관점으로 생태 문명을 위한 새로운 인식론, 존재론, 윤리를 검토하고 근대 문명의 분절적 접근을 넘어 이들의 통합을 시도한다. 이를 토대로 교육의 의미, 가르치고 배우는 존재, 지식의 본질 등을 생태 문명의 관점에서 재규정하고 이를 위한 교육의 원리를 제시한다.

2장
분절된 존재와 교육: 근대 교육 패러다임

근대 교육은 근대 문명과 함께 시작되었다고 해도 과언이 아니며, 그런 까닭에 근대 교육 패러다임을 톺아보는 것은 문명사적 전환의 방향을 모색하는 길잡이가 될 수 있을 것이다. 이 장에서는 전 지구적이고 문명사적인 생태 위기와 교육의 관계를 살펴보고자 한다.

분절된 세계, 단절된 관계

근대는 시간과 공간을 실제 삶에서 분리하고 시간과 공간을 상호 독립적인 전략과 행동의 범주로 이론화하면서 시작된다. 근대 사회는 개별적 존재 사이의 보편성을 확인하려고 했다. 인간을 이해할 때도 객관과 보편성을 강조하면서 개별 존재의 의미를 희생시켰다. 근대 사회의 분화는 너무 급속히 진행되어 개인은 그 속도를 따라갈 수 없었다. 결국 개인이 분화된 세계와 유리되었고 일반화된 세계가 오히려 인간을 귀속시켰다.

근대주의는 통일성, 일반성, 전체성, 객관성을 강요했다. 중심이 되는 잣대로 모든 것을 재단하는 중심주의적 사고는 인간 개체의 주관성을 열등시하는 사회다. 근대성이 합리적이거나 도덕적이기 위해서는 영향을 받는 모든 사람의 경험과 인식을 고려해야 함에도 그러한 중립성은 실현되지 못했다(전경옥, 2000). 인식 주체인 인간은 자신조차도 객관화했기 때문에 개성을 잃어 갔고 인간 소외 문제를 낳았다. 이는 근대성의 모순이라 할 수 있다.

이러한 문제는 교육에서도 나타났다. 하우저(Neil Houser)는 교육학 및 각 교과 영역의 큰 발전에도 지금까지의 교육은 본질적으로 확실히 인간 중심적이라고 평가한다(Houser, 2009:205). 또한 그는 교육이 인간과 세계를 분리하는 경향이 있고 환경 이슈를 다룰 때도 인간에게 독점적 역할을 부여해 왔다고 설명한다. 즉, 인간이 아닌 모든 것을 주변화하고 축소하는 강박적인 관념은 초기부터 교육에 구조적으로 존재하고 있으며, 인간을 다른 모든 것보다 우월한 위치에 두는 위계적 사고방식으로 교육 전반을 설계했다는 지적이다.

이러한 인간 중심주의는 인간이 아닌 생물과 무생물을 인간 생활에 당연히 봉사해야 하는 존재 또는 인간과 분리된 '자원'으로 격하해 인식하게 한다. '동물 자원', '식물 자원' 등의 용어가 교육 과정에서 공식적으로 제시되며, 동식물 자원을 관리하고 활용하는 방법이 교육의 내용에 포함된다. 인간을 비인간과 분리하여 보다 높게 위치시키는 이러한 접근은 자연 생태계와 인간의 상호 의존성을 발견하기 어렵게 또는 불가능하게 한다. 결과적으로 모든 생명체 또는 통합된 전체로서 지구 사회가 아니라 인간 생활의 개선에 교육의 목표를 두게 함으로써 학생 및 사회 구성원들로 하여금 지구 사회에 해악을 끼치는 방식과 신념을 정당화하게 한다.

더불어 근대성에서 발현되는 분리와 관계성의 단절은 인간과 비인간을 분할하기도 했지만 어린이, 청소년과 성인을 엄격하게 분리하기도 했다. 그 결과, 제도권 교육의 과정에 속한 어린이와 청소년은 사회와 분리되고 탈정치화되었다. 이는 곧 교육이 실제 사회, 실제 삶과 분리되어 별도의 세계를 만들게 하는 결과로 나타났다. 교육이 실제 사회를 반영하지 못하고, 학생에게 사회 참여 기회를 제공하지 못하는 것에 대한 비판은 이러한 점에서 근대성을 바탕으로 한 분리된 교육 체제에 대한 비판이기도 하다.

부정되는 학습자의 경험, 배제되는 특수성

근대 교육 전반에서 재현 가능성, 즉 객관성과 일반성 입증 및 자연과학을 중심으로 하는 실험의 반복 가능성을 '과학적 사고'로 명명하는 실증주의적 사고가 강조되었다. 이러한 실증주의적 사고는 진리대응설을 전제한다(김찬미, 2020). 진리대응설은 생각과 세계의 특정 대상이 일치함을 관찰, 실험을 통해 발견해야만 그 생각이 참이라는 것을 입증할 수 있다는 것이며 참, 지식, 진리의 발견을 사고의 목적이라고 본다. 그렇기 때문에 지식과 언어를 강조하고 또한 윤리적 중립주의를 호출한다(Hunt & Metcalf, 1968). 즉, 어떤 가치에도 치중하지 않아야 한다는 중립주의를 전제한다.

재현을 통한 입증 가능성을 강조하는 것은 관찰 결과가 관찰자의 선입견이나 편견에 오염되지 않도록 관찰자와 관찰 대상을 분리하고 학습자와 세계를 분리한다. 모든 학습자는 공부하는 문제가 개인적으로 자신과 관련되어 있다고 느껴야 함에도(Hunt & Metcalf, 1968), 근대성에 기반한 교육의 조직 원리와 체제는 학습자와 세계를 분리한다.

김찬미(2020)는 윤리적 중립주의라는 실증주의적 사고의 문제가 더 깊게는 경험과 분리된 학문의 문제와 연결된다고 지적한다. 우리가 경험하는 세계는 사실과 가치가 뒤얽힌 세계임에도 실증주의적 사고는 측정 가능한 사실만을 떼어 내서 학문의 대상으로 삼는다. 언어 체계로 수렴되기 어려운 경험의 질성(quality), 통계로 일반화할 수 없는 독특한 의미, 특수한 관찰자의 맥락으로 인해 발견할 수 있었던 의미 등 삶의 다양성, 독특성, 구체성이 학문과 교육에서 사장된다는 것이다. 이처럼 과학적 사고 모델은 "경험은 일차적으로 비지적인(non-cognitive)인 것"이라는 듀이의 주장을 놓친다(박철홍, 2013). 분절된 세계로만 인식되는 앎 속에서 관계적 사고는 비과학적이고 입증할 수 없는 '거짓'으로 구분되며, 이는 학습자의 총체적 경험을 교육과 단절시킨다. 나아가 학습자의 총체적 경험을 참으로 인정하지 않는다. 특수한 상황이나 소수자적 위치에 있는 학습자의 경험은 비공식적이고 중요하지 않고 지식과 학문, 교육의 범주에 포함될 수 없는 것으로 간주된다. 동시에 비지적인 경험의 주체를 열등한 존재로 격하한다.

구분, 타자화와 동일자 포섭의 메커니즘

근대의 핵심은 구분이다. 이는 근대 사회가 인간/비인간의 구획선을 그어 놓고 타자를 배제하고 동시에 동일자를 포섭하는 메커니즘으로 구성되어 있음을 의미한다. 인간과 비인간의 구분의 핵심은 이성과 비이성의 구분이며, 인간이라는 동일자로 포섭된다는 것은 이성의 범주에 들어가야 한다는 의미이기도 하다. 그러나 이러한 구획과 배제, 포섭이 자연스럽게, 저절로 일어나지는 않는다. 사회는 비이성의 범주(비인간, 비사회적 존재)를 타자화하면서 동일자를 포섭하는 장치를 만들어 내고 이 속에서 근대적 주체를 형성해 간다(今村 仁司, 1994/1999:184~185).

한국의 근대화는 타자화와 동일자 포섭의 메커니즘을 매우 효과적으로 구축했다고 평가할 수 있다. 한국의 근대화는 급속하면서도 강력한 과정을 통해 이루어졌다. 식민화와 분단, 전쟁을 근대화 과정에서 모두 경험한 나라는 매우 드물다. 그 과정은 사회 구성원의 사고와 인식, 사회 제도에 깊고 다면적인 자취를 남겼다. 식민화, 분단과 전쟁은 모두 강력한 타자화와 동일자의 포섭 장치를 만들어 내는 역사적 과정이었다. 일본 제국주의와 북한 및 공산주의 진영은 국제 정세의 기복에 관계없이 한국 근현대사를 지배하는 타자였다. 타자를 배제하려는 장치로서 반일, 반공 이데올로기는 개개인의 삶 면면을 통제했다. 선조의 친일 여부가 정치인의 중요한 약점으로 선거에서 언급되며, 2021년에도 간첩 사건으로 구속되는 사람들이 있으며 안보 교육에서는 여전히 '주적'

개념을 강조한다.

연대 없는 평등주의와 능력주의적 각자도생

타자를 명확히 하는 한편 동일자에 대한 포섭도 작동했다. 분단국가 상태에서 국가와 민족의 일부가 타자가 되면서 국가와 민족의 의미는 정치 · 경제 · 사회적으로 재구성됐다. 또한 타자보다 '우리'가 더 우월함을 증명하기 위한 시도들이 이루어졌다.

김종엽 · 정민승(2019)은 한국의 특수한 근대화 과정이 몇몇 사회적 멘탈리티 내지는 습속의 형태로 자리 잡았다고 보는데, 그중 하나를 '상처 입은 민족주의(wounded nationalism)'라고 표현했다. 국권 상실은 '부끄럼'의 기원이 되었고 해방 역시 분단과 전쟁으로 이어졌기 때문에 산업화와 민주화의 성공, 88올림픽 개최 등을 통해 국제적 존재감의 획득하면서 민족적 자부심을 어느 정도 회복했다는 것이다. 성공은 하면 좋은 것이 아니라 상처와 부끄러움을 회복하기 위해 반드시 필요한 것이라는 생각, 즉 성공에 대한 절박함이 한국 사회의 근대화에 동반되었다.

해방과 분단, 전쟁으로 출발한 한국의 근대화가 가지는

또 하나의 중요한 특징은 사회적 위계와 신분 질서, 문화적 차등이 파괴되어 거대한 사회적 평준화가 이루어졌다는 것이다. 김종엽 · 정민승(2019)은 이를 '연대 없는 평등주의'로 호명한다. 수많은 이주민과 실향민이 생겨나고 가업이 단절되는 등 기존 사회 질서가 모두 파괴된 상황에서 믿을 수 있는 사람도, 서로 협력할 수 있는 네트워크도 없는 사회가 된 것이다. 남은 것은 혈연으로 묶인 가족 공동체 정도였고 동원할 수 있는 유일한 방법은 개인 또는 가족의 능력으로 성공을 이루어 내는 각자도생뿐이었다.

능력 중심의 각자도생 사회는 개인에게 '어떤 능력을 얼마나 가지고 있는지' 증명할 것을 요구한다. 성공을 위해 개인은 적극적으로 그 증명에 응한다. 그리고 교육 과정은 개인의 능력을 측정하고 기록하고 인증해 주는 기능을 강화해 왔다. 모든 학습자는 성, 나이, 능력, 재능이나 특수성, 비정상성과 관련된 요구에 따라 '인지'되고, '변형'되며, '분해'된다. 학교 공간은 교실로 분리되며, 학교 일상은 시간표와 교육 과정, 특별 활동으로 나누어진다.

학생들은 '시험 테크닉'에 의해 구별되며, 검사받고 측정되어 계산된다. 이것은 인간의 능력을 측정하고 비교할 수 있는 '문법 중심의 세상'에 학습자를 위치시킨다(Hoskin, 1990/2007). 이때 글쓰기는 학습자를 측정하고 기록하는 수단이며 곧 규율이자 권력이다. 측정하고 기록하는 권력은 개인을 관찰의 장으로 불러들였으며, 글쓰기의 장에서 개인을 객관적 실재로 고정했다(Dreyfus & Rabinow, 1983/1989:159). 생활 기록부에 '적어 주는' 것은 교사의 권력이다. 생활 기록부에 기재되지 않은 능력은 학생이 가지고 있다고 인정되지 않는다. 측정과 시험이라는 새로운 테크놀로지로 인해 저장된 학업 기록은 급속히 증가했다(Foucault, 1975/2020:191). 결과적으로 교육은 학생이 다른 존재와 관계 맺는 과정 속에서 삶을 배우는 장소가 아니라 '공정하게 측정'하고 객관적으로 기록하는 경기장으로서 학생의 삶과 유리된 별도의 영역이 되었다.

신자유주의와 결합한 능력주의

근대 사회는 세상의 진보는 오직 인간의 성취에 의해 이루어진다고 봤으며 근대 과학은 소수의 천재가 이루어 낸 발견이 축적된 성과로 여겼다. 매뉴팩처(공장제 수공업) 체제하에서 일할 능력을 가진 사람을 양성하기 위한 대중 교육이 많은 국가에서 제도화되었으며, 이러한 과정에서 근대 공교육이 확대되었다. 새로운 기술, 세계의 발전은 모든 사람의 과제가 아닌 몇몇 탁월하게 유능한 사람들의 역할로 이해되었고 '1퍼센트가 99퍼센트를 먹여 살린다'는 사회적 인식이 만들어졌다.

능력주의는 귀족주의의 반대 개념으로, 출신 배경이 아니라 지능과 노력 같은 능력에 따라 차등적 보상과 사회적 지위 분배가 이루어지는 체제를 의미한다(남미자, 2019). 가족 기반 공동체가 가지는 사회·문화·경제적 자본, 출신 지역 등이 끼치는 영향에 대한 문제 제기가 있었으나 노력한 만큼 보상받을 수 있다는 등가 교환 개념의 공정성은 모든 것을 능력의 결과로 치환하게 했으며, 사회적 부조리에 의한 결과를 능력에 의한 차이로 둔갑시켰다.

한국의 급격한 근대화 과정은 폭넓은 사회 이동을 가능하게 했고 모두에게 그 기회가 열려 있는 것처럼 보이게 했기 때문에 오히려 능력주의가 평등한 것으로 보이는 착시 효과를 일으켰다. 즉, 한국 사회에서 개인의 능력주의는 능력과 노력에 따라 보상이 이루어진다는 점에서 공정하고 평등한 것으로 여겨져 왔다. 한국에서 주목되는 강한 교육열은 이러한 기제를 바탕으로 강화됐고, 특히 학벌주의와 연계된 고등교육에 대한 열망은 도시화를 가속화했다(김신복, 2017:60). 또한 비도시 지역에서 자연과 가까이 사는 삶은 열등함의 상징으로 여겨졌다.

한국의 자본주의가 심화되어 신자유주의 체제가 확립될 시기에는 국제 경쟁이 심화되었고 경제 산업에서의 국가 경쟁력이 화두가 되었다. 현상 유지는 곧 퇴보로 이해되었고 매해 일정 수준 이상의 경제 성장률을 달성해야 국가가 유지될 수 있다고 봤다. 따라서 아무도 가능한지 알 수 없는 무한한 경제 성장이 역사적 과제로 제시되었고 이를 이루어 낼 능력 있는 소수의 개인을 육성하는 것이 교육의 역할이 되었다.

유능해서 더 좋은 대우를 받을 수 있는 소수를 가려내기 위한 '공정성'이 중요시되었다. 이에 더해 다양한 영역에서 더 분화된 세계 경쟁 속에서 사회와 교육은 또 다른 문법을 요구받았다. 서로 다른 영역의 상이한 능력을 비교하여 평가해야 할 필요성이 제기된 것이다. 각기 다른 맥락에서 그 안의 관계성을 고려하고 상이한 맥락을 확장해 나가는 방식보다는 능력주의의 문법에 기반하여 사회 전체를 서열화하는 방식이 채택되었다. 경쟁은 모든 학습자에게 가혹했으며 높은 10대 자살률, 낮은 행복 지수 등의 문제가 계속해서 나타났다.

개인의 능력에만 집중하는 역량 중심 교육

교육부는 '5 · 31 교육개혁안'에서 '획일화에서 벗어난 다양한 능력을 가진 인간상을 요구하는 21세기의 시대적 요구에 부응하여 학습자의 개성을 존중하고 인성 및 창의성을 최대한 신장하는 교육 체제를 갖추어 모든 학습자의 잠재 능력이 최대한 계발되도록 하는 새로운 교육 체제 수립'을 천명했다. 하지만 다양해진 것은 능력의 범주뿐이었다. 학습자들은 자신만의 특기를 발굴하기 위해 한계 없는 진로 탐색에 내몰렸다. 학교는 모든 학습자의 능력을 보다 치밀하게 개발해야 했으며 혹시 모를 작은 능력의 단서라도 측정하고 기록하는 것이 학습자를 위한 일이라는 담론이 만들어졌다. 즉, 유능함을 입증해야 하는 능력주의는 오히려 강고해졌다.

개인적 능력에만 집중하여 교육 자체가 사사화(私事化)되는 것을 경계하여, 사회적 차원을 강조하는 시도도 나타났다. 대표적인 것이 민주 시민 교육이다. 하지만 민주 시민 교육은 도입된 이래 학생을 민주 시민으로 '길러 내는 것'에 집중하고 있다. 학생의 역량 또는 능력의 일환으로 접근하기 때문이다. 역량 기반 교육 과정이 도입되면서 학교 교육은 더욱 개별 학생과 개인의 능력에 집중하고 있으며 개인 간의 관계와 공공의 영역에 대한 관심은 여전히 부족하다.

민주 시민 교육의 내용 역시 역량의 유형에 따라 지식과 기술로 분류되며(장은주, 2019:271~272), 이때의 기술이란 다른 사람을 배려하고 존중하는 태도, 자신의 정치적 이해관계를 파악하고 주장하는 기술, 그 과정에서 소통하고 토론하고 합의하는 기술, 차이를 평화적으로 해결하는 기술 등을 의미한다. 민주 시민 교육 역시 원자화된 개인의 역량을 제고하여 그 총합인 사회의 발전을 의도하는 근대 교육의 접근에 기반하는 것이다. 각각의 개인이 자신의 주장을 잘 소통하여 다수의 지지를 받거나 강한 지지를 얻는 방법을 익히도록 하는 방식은 정치적 조정이나 협력을 상상하지 못하게 하고 '공공'에 대한 아이디어를 배제한다.

3장
지속적 성장과 환경 관리: 근대적 환경 교육의 한계

앞에서 살펴본 근대 교육의 패러다임을 토대로 환경 교육 역시 이루어졌으며, 이 장에서는 구체적으로 환경 교육의 근대적 맥락을 살펴보고 근대적 환경 교육의 한계를 살펴보고자 한다.

1987년에 세계환경개발위원회(World Commission on Environment and Development, WCED)가 『인류 공통의 미래(Our Common Future)』 보고서를 발간하면서 환경 교육의 방향이 구체화되었다. 이 보고서의 내용은 1992년 유엔환경개발회의(United Nations Conference on Environment and Development, UNCED)에서 중요한 의제로 채택되었으며, 이 내용을 기반으로 세계 각국으로 환경 교육이 확산되었다.

이러한 국제적 변화는 국내 상황에도 영향을 끼쳐 1970년

대부터 우리나라의 환경 교육은 발전되기 시작했다. 이후 주로 학교 교육에 환경 교육을 통합하는 방식으로 공식화와 제도화를 꾀하고, 학교 밖의 환경 교육 혹은 사회 환경 교육은 별도로 장려하는 방식을 취해 왔다.

환경 위생, 깨끗하고 편리한 자연 만들기

한국 전쟁 직후 한국 사회의 가장 큰 과제는 절대적 빈곤 탈출을 위해 근대 자본주의 경제 체제를 자리 잡게 하는 것이었다. 따라서 이 시기에는 환경이 특별한 사회 문제로 대두되지 못했다. 그럼에도 최돈형 · 이성희(2012)는 이 시기를 '환경에의 적용과 교육'(문무겸, 1958), '환경과 교육'(최오규, 1966), '자연의 보호와 파괴: 새로이 등장할 공해교육'(김동식, 1971), '환경교육의 기본 방향'(홍웅선, 1971) 등의 연구가 발표된 학교 환경 교육의 '맹아' 시기로 분류한다. 환경 교육에 대한 구체적 논의나 실천이 부각되진 않지만 문제의식과 대응이 존재했기 때문이다.

환경 관련 법령이 제정되었고 급격한 산업화로 인한 환경 오염에 대한 지적도 계속되어 1967년에 공해 관련 정부 부서인 '환경위생과'가 신설되었다. 1945년 설립되어 국내 최초의 환경 단체로 볼 수 있는 '조선산악회(현 한국산악회)'는 산악인의 친목 도모와 함께 조사, 연구 및 교육을 통해 자연 보호 정신을 전파하여 국가와 사회에 기여하기 위한 목적을 가진 단체였다. 1963년 '한국자연 및 자연자원보전 학술조사위원회'가 설립되었고, 1969년 '한국조류협회(현 한국야생동물보호협회)'가 발족했다. 환경 교육 여명기에 만들어진 단체들은 전통적인 자연 보호 사상에 기반했으며 '환경'보다는 '자연'이라는 용어를 사용했다. '보전'과 '보호'가 등장하는 단체명에서 알 수 있듯, 이 시기에는 있는 그대로의 환경 보전을 지향했다.

1970년대에 이미 서울, 부산, 대구 등 3대 공업 도시의 분진과 일산화탄소, 아황산가스, 질소산화물 등 대기 오염 물질의 발생량이 당시 일본과 미국의 환경기준을 크게 초과했다(유인호, 1971). 경제 성장의 영향으로 공해, 특히 대기 오염의 심화는 사회 구성원 전체의 인식에 영향을 끼쳤다. 로스앤젤레스 스모그 및 런던스모그 현상도 대기 오염 방지와 공해 (예방) 교육에 대한 필요성에 관한 인식을 강화했다. 여전히 공해 (예방)교육이 경제 성장을 저해할지도 모른다는 우려가 있었으나 현 세대의 행위가 후속 세대의 부담으로 작용한다는 인식에 기반하여 공해 교육의 필요성이 제기되었다.

이 과정에서 자연 본연은 깨끗한 모습이며, 환경을 깨끗하게 만들기 위해 인간이 개입하여 환경을 변화시키는 것은 좋은 일이라는 인식이 형성되었다. '환경 위생'이라는 말도 이때부터 사용되었으며, 1970년대부터 시작된 '새마을 가꾸기 운동'에서는 도시 뒷골목 정비 및 하천 정화와 같은 도시 미화 사업을 환경 보호 운동과 관련지었다.

환경 관리, 오랫동안 잘 이용하기

경제 개발 5개년 계획이 시작되면서 본격화된 한국의 산업화는 1972년부터 추진된 제3차 경제 개발 5개년 계획에서부터 다소 방향이 달라진다. 절대적인 빈곤에서 벗어나기 위한 성장 중심의 1, 2차 경제 개발 계획에 비해 보다 안정을 추구하면서 자립적 경제 구조 확립에 목적을 두었다. 특히 중화학 공업의 비율을 높이는 것이 제3차 경제 개발 계획의 중요한 내용이었고 이에 따라 1970년대 후반에 이르러 한국은 신흥 공업국의 면모를 갖추기 시작했다.

소규모 공업, 수공업 중심이었던 경제 체제가 중화학 공업으로 변화하는 것은 곧 인구의 집중을 의미하는 것이다. 인구의 도시 집중화 현상이 사회 문제로 대두되기 시작했으며 도시 환경의 악화로 인해 삶의 질에 대한 사회적 관심도 높아졌다. 이에 1980년, 국민의 기본권으로서 환경권이 헌법에 신설됐으며 이에 따라 환경청이 발족했고 환경연구원의 직제 개정으로 환경 교육 및 훈련 업무를 전담하는 부서로 교육과가 신설되면서 환경 교육이 본격적으로 이루어지기 시작했다.

초기 환경 교육의 형태는 주로 홍보 또는 계도의 형태로 이루어졌으며, 환경 교육이라는 용어보다는 '반공해 운동'이나 '공해 추방 운동' 등이 사용되었다. 여러 소비자 보호 단체도 반공해 교육 및 캠페인을 실시했고 한국여성단체협의회 역시 환경 관련 교육을 실시했다.

정부의 환경 정책 역시 근본적인 환경 문제의 해결보다는 공해 피해의 최소화를 위한 사후 관리와 응급 처치에 목적을 두었다. 환경 교육은 환경 보전 업무를 담당하는 공공 기관 및 민간 기관의 담당자들이 환경을 적절히 이용하고 관리하여 쾌적한 환경을 보전할 수 있도록 하는 실무 교육의 형태로 추진되었다. 당시 박정희 정부 역시 '경제의안정과성장에관한긴급명령'을 공포하며 경제 성장이 우선임을 분명히 밝혔다. 요컨대 자원을 오래, 잘 이용하기 위해 환경을 관리하는 방법을 모색하는 것에 주목하는 환경 관리적 인식이 지배적이었다.

녹생 성장, 지속 가능 발전을 위한 환경 교육

대량의 페놀 원액이 유출되어 발생한 낙동강 페놀 오염 사건(1991년) 등 심각한 환경 오염 사건들이 발생하면서 사회적으로 환경 오염의 심각성을 보다 엄중하게 인식하기 시작했다. 1993년 환경청(지금의 환경부)이 실시한 국민 환경 의식 조사에 따르면, 참여자 중 79.8%가 환경 문제를 시급한 사회 문제라고 응답했는데, 이는 조사에서 제시된 사회 문제 중 가장 높은 비율이었다[(주)환경ISI, 2009]. 또한 1992년 조사에서는 '경제 성장과 환경 보전의 조화'에 대한 지지율은 29%, 환경 보전을 경제 성장보다 중시하는 응답이 52%로 나타났다. 1996년 조사에서는 '경제 발전 속도보다 환경 문제 개선을 우선해야 한다'는 주장에 찬성하는 비율이 86%에 달하기도 했다.

이러한 인식의 변화로 환경 교육 운동 역시 변화했다. 많은 사람이 참여하는 체험 교육이나 시민 강좌 등을 중심으로 환경 교육 운동이 구체화되고 확장되었다(환경교육센터, 2014). 최돈형 · 이성희(2012)는 이를 두고 기존의 공해 (예방) 교육이 '환경 오염에 대처하는 교육'으로 확대되어 이루어지고 자연 보호 운동에서 환경 보전 운동으로 방향이 바뀌기 시작했다고 평가한다. 전문적인 환경 단체들이 등장하고 대중 운동이 활성화되면서 환경 교육에 대한 요구도 더 구체화되었다. 전국의 교육 전문직 및 초중등 교사를 대상으로 실시한 설문 조사 결과, 참여자의 97% 이상의 참여자가 환경 교육이 필요하다고 응답했다(최돈형 · 남상준 · 김영란 · 이재영, 1992).

이러한 배경에서 1990년 8월 「환경정책기본법」에 환경 교육의 추진 근거가 마련되었다. 또한 제5차 교육 과정(1987~1991) 총론에 환경 교육이 포함되었고 1992년 고시된 제6차 교육 과정에서는 독립 교과로 중학교에서는 '환경', 고등학교에서는 '환경과학'이 개설되었다. 초등 교육 과정에서도 특별 활동을 중심으로 환경 교육이 제도화되기 시작했다.

제6차 교육 과정에서 환경 교과가 독립적으로 개설된 것은 한국 환경 교육사에서 매우 큰 전환점이다. 최돈형 등은 해방 이후 실질적으로 처음 신설된 교과라는 점과 우리나라 교육 사상 처음으로 국가와 사회의 문제를 해결하기 위해 교육이 도구로서 동원되어 교과목을 설정했다는 점을 중요한 의의로 평가한다(최돈형 · 남상준 · 이재영 · 손연아, 2001). 남상준(1995)은 환경 교과 개설은 대학의 전공 체제와 교원 양성 제도를 변화시켰고 초 · 중 · 고교에서 환경 교육이 본격화되는 발판이 되었다.

이후 제7차 교육 과정에서는 전체 교육 과정에서 환경 교육이 추진됨과 동시에 환경 관련 교과목이 더욱 다양하게 개설되면서 환경 교육의 위상이 높아졌다. 이 시기에 환경 교육은 지속 가능 교육, 지속 가능 발전 교육, 기후 변화 교육, 녹색 성장 교육, 생태 교육 등으로 분화되었으나 이름이 변화했을 뿐 그 내용은 이전의 보전 중심 또는 자연 생태계가 버틸 수 있을 정도, 즉 위기 직전까지의 수준으로 관리하는 것에 집중하는 경향이 두드러졌다.

성장주의는 오히려 강화되었다. 학교 환경 교육은 제7차 교육 과정과 2007 개정 교육 과정, 2009 개정 교육 과정, 2011 개정 교육 과정을 거치며 확대되고 발전을 이루었으나 환경 이슈는 경제 성장에 부담이 된다는 인식이 경제계와 정부를 중심으로 만들어지면서 비판 담론이 거세지기 시작했다. 핵 발전소 및 방폐장, 새만금 간척, 4대강 정비 사업 등이 경제 담론과 환경 이슈가 갈등한 대표적인 사례라 할 수 있다. 이러한 갈등은 촛불 집회나 법정 투쟁 등을 통해 전 사회적으로 나타났고 학교 환경 교육은 이 갈등 속에서 확대를 위해 일종의 타협을 선택했다. 경제 성장에 대해 반성하거나 또는 경제 성장과 구별되어 발전되어 왔던 환경 교육이 경제 성장과 궤를 같이하는 패러다임적 전환을 보이게 된 것이다(최돈형 · 이성희, 2012).

'지속 가능 발전' 개념이 부각되면서 환경 교육은 환경보다는 발전을 지속 가능하게 하는 교육, '지속 가능성 교육'으로 바뀌어야 한다는 주장이 공감을 얻었다. 김대중 전 대통령은 2000년 2월 '새천년 새희망 환경인 모임'에서 21세기가 환경 보전 없이 성장 자체가 불가능한 시대라고 발언했다. 2000년 6월 '새천년 국가환경비전'에서는 "환경대국, 환경선진국, 환경문명국"을 지향해야 한다는 국가 정책 방향을 공식화했으며 후속하여 대통령 직속 자문 기구로 '지속가능발전위원회'를 설치했다(환경일보, 2006). 2002년 지속가능발전 세계정상회의(World Summit on Sustainable Development, WSSD)가 지속 가능 발전 교육의 추진을 유엔 총회에 권고했고 이 안은 통과되어 유네스코가 이를 담당하게 되었다. 지속 가능 발전 교육이라는 개념이 전 세계적으로 수용된 것이다.

그러나 갈수록 전 지구적으로 기후 위기 등 환경 문제의 시급성이 증가하고 국제적 연대가 필요해지면서 지속 가능 발전 교육이라는 합의가 가지는 한계가 뚜렷하게 나타나고 있다. 어느 국가도 환경 이슈에 대응하기 위해 자국의 경제적 성장을 양보하지 않는 상황이다.

국내에서는 이보다 더 성장주의가 강화되어 지속 발전 가능 교육이 '녹색 성장 교육'으로 전환됐다. 환경 이슈를 고려해야 하는 이유가 세계적인 그린라운드 속에서 국가 경쟁력을 갖추기 위해서라는 경제적 이유로 수렴되고 성장을 위한 환경 보호가 교육 과정 전반에서 강조됐다.

환경적 접근은 약화되었으며 악화되는 기후 변화에도 기술적, 과학적, 산업적으로 접근하는 태도가 자리 잡은 시기다. 최돈형 · 이성희(2012)는 이 시기의 학교 환경 교육이 이전보다 더욱 전면적으로 사회 · 경제적 성장을 지향했다고 평가한다. 학교 환경 교육 역시 지속 가능 발전 혹은 녹색 성장에 부합하는 '성장 중심' 패러다임에 기초하여 구성, 조직되었기 때문이다. 이는 초 · 중 · 고 환경 교육이 에너지 전환이나 산업 구조에 관련된 내용 등의 비중은 줄이고 쓰레기 분리배출, 일회용품 줄이기 등 개인적 실천과 환경 보호를 위한 도덕성 증진 등에 치중하는 배경이 되었다.

인류세, 기후 위기 시대의 환경 교육

2008년 「환경교육진흥법」이 제정되면서 환경 교육의 근거 법령이 마련되었다. 이에 기초하여 지역별로 '환경교육센터'가 설립됐으며 교육부 및 교육청, 지방 자치 단체에서 환경교육종합계획과 관련 제도를 마련하여 추진하고 있다. 2021년에 「환경교육진흥법」이 「환경교육의활성화및지원에관한법률」로 전부 개정되면서 학교 및 사회 전 분야에서 환경 교육을 더 활성화하기 위한 지원 방안이 법제화되었다. 개정된 법령에서는 초등학교 및 중학교장은 학생을 대상으로 환경 교육을 정기적으로 실시해야 한다고 명시하여 학교 환경 교육을 의무화했다.

「교육기본법」도 일부 개정됐다. 제22조 2항(기후변화환경교육)에 "국가와 지방자치단체는 모든 국민이 기후변화 등에 대응하기 위하여 생태전환교육을 받을 수 있도록 필요한 시책을 수립 · 실시하여야 한다"라고 명시했다. 이는 학계 및 환경 교육 운동계가 환경 교육의 제도화 · 의무화라는 공동의 목표를 위해 조직적으로 오랜 기간 노력해 온 결과인 동시에, 코로나19의 유행과 심각해져 가는 기후 위기, 기후 재난을 계기로 급격히 확산된 사회적 위기감이 이루어 낸 결과다. 급격한 기후 변화로 인한 재난과 반복되는 팬데믹은 사회 구성원 모두에게 그전과 다른 실체적 위기감을 경험하게 했다. 그 결과, 어린이와 청소년 대상 환경 교육을 강화해야 한다는 주장이 설득력을 얻은 것이다.

이에 따라 각 시 · 도 교육청은 '기후천사단' 또는 '그레타 툰베리 100명 만들기' 등의 캠페인을 벌이고 새로운 기후 운동 단체의 조직을 지원하고 있다. 하지만 1970년대부터 스웨덴의 환경 교육이 생태적 가치를 우선하는 사회를 지향해 온 것에 대해 고찰하기보다는 두각을 나타낸 청소년 기후 운동가인 툰베리(Greta Thunberg) 한 사람의 이름에 더 주목한다. 툰베리가 제안한 결석 시위가 기후 위기와 함께 근대 학교 체제를 비판하기 위한 정치적 행위였다는 점(윤상혁, 2020)도 거의 논의하지 않는다.

사회 문제와 환경 문제에 학생이 참여할 기회를 확대하기보다 새로운 학생 동아리를 만들어 학생과 사회, 학교와 삶을 분리한다. 일회성 행사가 실제적 효과가 없거나 오히려 많은 쓰레기를 발생시켜 환경에 부정적인 영향을 주더라도 환경을 주제로 한다면 지지받는다. 환경, 환경 교육이라는 말 자체가 정당성을 제공하는 새로운 대설화[4]로 기능하고 있다.

기후 위기는 인간 사회 전반을 뒤흔드는 중대한 문명사적 위기임이 분명하다. 그러나 기후 위기는 위기감의 강조, 즉 위기를 피하기 위해 조심하거나 경각심을 가지는 것으로 해결할 수 없다. 기후 위기는 인간이 자연 생태계를 대해 온 태도, 즉 문명 자체의 문제로 발생한 것이기 때문이다. 지구 환경은 자연적으로 변화하지만 근래의 변화는 인간 활동에 의한 것이었고 압도적으로 크고 급속한 변화가 나타나고 있기

4) 대설화는 주인 설화, 즉 자연의 정복에서 그 목적을 찾는 인간의 설화를 의미하며, 근대성의 핵심이다.

에 이 시기를 '인류세(Anthropocene)[5]'라고 명명해야 한다는 주장이 과학과 인문 영역 양쪽의 동의를 얻고 있다. 이처럼 비인간계와 인간 사회를 분리하고, 비인간계에 끼치는 영향보다 인간 사회의 경제 성장을 우선해 온 수백 년간의 선택들과 이를 정당화해 온 근대적 패러다임으로 인한 위기라는 점에서 근대 문명과 성장 중심주의에 대한 성찰은 필수적이다. 성찰 없이 확산되는 위기감은 환경 교육의 확대를 이루는 동력일 수 있으나 우리 모두가 마주하고 있는 문명사적 위기를 통과하기 위한 에너지가 되기는 어렵다.

이재영 국가환경교육센터장은 환경 문제가 없어도 환경 교육은 언제나 필요하다고 말한다. 또한 자신만이 아니라 자신을 둘러싼 자연과 환경, 이를 공유하는 다른 사람을 함께 고려하여 좋은 삶을 설계하게 하는 환경 교육을 이야기한다(송철호, 2020). 위기 상황이기 때문에 환경 교육이 필요한 것이 아니라 삶의 본질이 환경 교육과 연결되어야 한다는 것

---

5) '인류세'라는 용어는 네덜란드의 화학자 크뤼천(Paul Crutzen)이 처음 사용한 용어로 새로운 지질 시대의 명명을 제안한 것이다. 현재는 지질학적으로 홀로세(Holocene)인데 크뤼천은 인류가 지구 환경에 끼친 영향의 중대성을 강조하며 이를 구별해야 한다고 주장했다. 구체적으로 인류세는 급변하는 지구 환경에 따른 어려움을 겪는 현재 이후의 시대를 의미하며, 인간으로 인해 만들어진 시대라는 뜻이다.

이다.

지금의 위기는 능력으로 자신의 존재를 입증하고 객관적으로 인정받는 국가의 인재이자 성공한 개인을 길러 내는 근대 교육이 한계에 봉착했음을 증명한다. 나와 다른 존재, 함께하는 환경을 고민하는 것은 삶을 고민하는 것과 다르지 않다. 나와 다른 존재, 환경 사이의 관계성은 삶에서 결정적이며 현시대에 더욱 부각되고 있다. 교육은 인간의 삶과 성장을 탐구하고 실천하는 행위인바, 좋은 삶을 설계하고 좋은 삶을 살기 위해 나와 다른 존재, 환경을 통합적이고 전체적으로 고려하는 교육은 시대의 요청인 동시에 교육의 본질에 부합하는 것이다.

4장
얽혀 있는 존재와 교육: 생태 문명을 향한 교육 원리

인간 주체성에서 행위성으로

인간과 자연을 구분하는 이분법적 존재론을 넘어서

최근 급격한 기후 변화로 자연은 더 이상 인간 역사의 배경으로 존재하지 않으며, 인간 역사와 자연 역사가 서로 얽혀 있음이 더욱 확실해졌다. 인간의 주체성을 절대화하는 방식의 위험한 사고, 즉 인간 중심의 자연관을 탈피할 것이 요구되고 있다.

심신일원론을 주장한 스피노자는 인간의 정신을 자연에 포함된 것, 즉 자연의 변화된 양태로 봤다. 그는 인간의 정신은 사물에 반응하는 몸의 변용(affection)에 대한 관념, 즉 정동(affect)[6]으로 설명하면서 인간 예외주의를 부정하고, 몸과 정신, 자연과 인간과 같은 이분법적 접근을 비판한다. 메를로퐁티(Maurice Merleau-Ponty)역시 몸과 정신의 상호 관계를 가정하고 몸과 정신을 매개하는 중간 지대로 지각을 제시했다(Merleau-Ponty, 1945/2002). 지각하는 몸은 세계와 소통하는 과정을 통해 세계와 조율되어 있다. 따라서 인간은 세계와의 관계 속에서 실존한다. 이러한 접근은 주체의 대상에 대한 인식이 아닌 관계를 통한 실존의 자각, 즉 존재론적 관계라는 이해의 틀을 마련했다. 이는 주체와 대상을 구분하고 세계를 대상화하는 이분법적 사고를 벗어나도록 하는 토대를 마련했다.

메를로퐁티의 자연 개념은 '자연의 인간성'과 '인간의 자연성'이라는 두 양태를 포괄하는 방식으로, 기존의 자연관이 담아내지 못했던 인간과 자연의 관계를 현상학적 방법으로 드러낸다(Toadvine, 2009). 그는 자연을 "물질이 아니라 살(la chair)과 같은 것으로 인간을 가로지르며 자신의 존재를 스스로 실현하는"(Merleau-Ponty, 1945/2002:328; 송석랑, 2020:329에서 재인용) 존재로 본다. 여기서 '살'은 고정된 실

---

6) 정동은 정신에 연관되는 한, 정신으로 하여금 자기의 신체에 이전보다 크거나 적은 존재력을 긍정하도록 하는 관념이다. 그러므로 정신이 어떤 정동에 사로잡힐 때 동시에 신체는 자기의 활동 능력을 증대하거나 줄이는 변용을 겪는다(Spinoza, 1677/2007:217).

체가 아니라 끊임없이 구성되고 변화하는 과정을 강조하는 개념이다. 하룻밤 사이에도 살이 찌기도 하고 빠지기도 하는 것처럼 자연이 선험적으로 존재하며 불변하는 게 아니라, 끊임없이 주변과 관계하면서 변화하는 속성을 가지고 있음을 의미한다. 즉, 자연은 인간의 대상이 아니라 인간과 함께, 인간을 통해 스스로를 표현하며 생성하는 존재라는 것이다. 이와 같은 자연 개념에 따르면 자연은 인간을 포함할 수밖에 없으며, 따라서 인간과 자연이 이루는 중첩적 관계를 토대로 인간의 문화 혹은 역사가 구성된다.

자연은 인간 실존의 시간에서 "동일하게 그러나 늘 새롭게 생성되는 존재"(송석랑, 2020:340)다. 즉, 인간이 자연을 대상화하고 지배하는 폭력적 방식으로 자연을 이해해서는 안 된다. 세계는 자연에 내재하는 동시에 자연을 초월하는 역사적 세계이며, 그 초월의 장에서 인간이 자연과 연속하는 내재성을 통해 문화 혹은 역사를 가능하게 하기 때문이다. 이러한 접근은 자연을 회귀 또는 보존해야 하는 대상이나 고정된 물질로 보지 않고 인간과 자연을 상호 교차적 관계로 이해함으로써 인간의 문화, 역사와 교차하는 자연의 개념을 제시한다.

셸링은 전체론적 자연관을 토대로 "모든 생명의 일체성, 다양한 현상의 상호 의존성, 변화와 변형의 순환성"(조영준,

2007:28에서 재인용)을 강조하고 자연과 정신을 동일 원리로 이해하고자 했다. 이렇게 자연을 이해하면 자연은 스스로의 잠재성을 바탕으로 무한한 생산성을 지닌 살아 있는 주체다. 주체로서 자연 개념은 "스스로 조직되고 또 스스로 조직하는 하나의 전체"(조영준, 2007:309)를 말한다. 이는 주체로서 인간과 객체로서 자연이라는 위계질서에서 자연을 해방한다.

여기서 더 나아가 셸링은 인간과 자연의 공생과 연대를 통한 '공통 주체성' 발현이 가능하다고 주장한다. 공통 주체성은 단순하게 인간 주체와 자연 주체 사이의 상호 주체성을 의미하는 것이 아니라 인간과 자연 존재를 연결하는 기저로서 근원적 주체성이며, 자연 전체로 확대되는 포괄적 주체성을 의미한다(조영준, 2007:310). 이와 같은 자연 전체로서 공동 주체와 인간을 비롯한 작은 주체들은 전체와의 유기적 관계 속에서 나름의 의미를 지니며, 각자의 고유성과 다양성을 지니는 다원적 세계관이라는 존재론적 평등의 토대 위에서 전체로서 역동적인 균형을 유지한다(조영준, 2007). 즉, 구조적으로 인간을 살아 있는 자연과 결합된 존재로 바라봄으로써 인간과 자연을 전체론적으로 사유할 수 있다.

다시 말해 자연 또는 세계를 독립적인 부분들의 합이 아니라 상호 의존적 관계의 총체로 봄으로써 인간과 자연의 공생과 연대로 논의를 확장할 수 있다. 이러한 접근은 모든 존재는 서로 긴밀하게 연결되어 있고 관계가 변하면 물질도 변하며 절대적 주체와 대상은 존재할 수 없음을 사유하도록 한다.

인류세에서 자본세로

인간과 자연을 상호 관계적 존재로 보려는 이와 같은 시도는 인간과 자연을 구분하는 이분법적 존재론을 넘어서려는 시도다. 최근에는 인간뿐 아니라 자연도 권리의 대상으로 여기는 지구법학 논의도 이루어지고 있다. 이는 인간종을 지구 생태계의 하나의 종으로 간주하려는 시도다. 그런데 이와 같은 논의에서 말하는 인간은 하나의 종으로 설명될 수 있을까?

사실 우리가 사는 세계에서 인간은 인간종이라는 범주에 속하더라도 모두가 동등한 권력(힘)을 가지고 있지 않다. 심지어는 민주주의라는 형식적인 장에서도 말할 수 있는 사람과 말할 수 없는 사람이 구분되며, 말의 의미를 가질 수 있는 사람과 말의 의미를 잃고 웅성거림 또는 징징거림과 같은 소리로만 존재하는 사람도 있다. 더 나아가 많은 동물이 인간의 식탁에 오르기까지 존재로서의 권리를 박탈당하고 학대를 당하며 오직 식품으로만 존재한다.

근대 주체로서 인간은 백인, 중산층, 비장애, 이성애자로 가정되는 '인간(Man)'이며, 성차화(性差化), 인종화, 자연화된 사람들은 인간 범주 바깥으로 밀려났다. 현재의 기후 위기, 전 지구적 생태 위기와 인간과 자연의 이분법적 사고를 연결할 때, 인간은 모든 인간을 지칭하지 않는다. 브라이도티(Rosi Braidotti)는 주체를 대문자 '인간(Man)' 바깥으로 밀려난, 근대가 배제한 인간과 비인간 타자와의 관계적 흐름 안에 위치시키면서 "관계적(relational), 횡단적(transversal)이며 체현(embodied)되고 환경에 속한(embedded)" 유목적 주체성 개념을 제안했다(Braidotti, 1994).

인류가 지구에 영향을 크게 미친 시점부터 홀로세와 별개의 세(世)로 구분하는 인류세 담론[7]은 생태 위기의 원인이 인간종 전체에게 있는 것처럼 보이게 한다. 하지만 제1세계를 중심으로 한 선진국들의 책임이 더 크다. 그런 점에서 해러웨이(Donna Haraway)는 인류세 담론을 비판한다(Haraway, 2016/2021). 모든 인간이 동일하게 영향을 주지 않았으며, 인간이 지구에 영향을 주고 변화를 만든 유일한 행위자도 아

---

7) 노벨 화학상 수상자인 크뤼천이 2000년 '국제 지구권-생물권 프로그램(International Geosphere-Biosphere Programme)'에서 "우리는 인류세에 살고 있다"라고 선언하면서 본격화되었다.

니기 때문이다. 또한 인류세 담론 자체가 자칫 위기에 처한 지구를 구할 수 있는 건 인간뿐이라고 이해될 수 있다는 점에서 인간 중심주의적이라고 비판한다. 그는 인류라는 종 자체, 혹은 인간(Man) 활동에 초점을 맞출 것이 아니라 플랜테이션, 공장식 축산 등 자본주의적이고 식민주의적인 생산 체제와 그 과정에서 누구에게 어떤 일이 일어났는지에 주목해야 한다고 주장한다.

이것은 근대 사회를 떠받들고 있는 자본주의적 세계관에 대한 비판이지만 근대 이전으로 돌아가자는 주장이 아니다. 오히려 익숙한 전제를 비틀어 보고 그 속에서 새로운 가능성을 찾으려는 시도다. 예컨대 과학 기술의 발전에 대한 반성과 성찰 속에서 유기체적 삶을 복원해야 한다는 주장에 대해 그것 역시 대문자 인간(Man)을 중심에 두고 기술을 대상화하고 인간을 위협하는 존재로 삼는 것이라고 비판했다. 동시에 기계가 "다정한 나 자신"이 될 수 있다고 주장하면서, 기술을 인간을 위협하는 존재로 규정하고 (남성) 노동을 불안정하게 만드는 기술로 인식하면서 부정할 것이 아니라 그것들과 함께 살아가야 한다고 주장한다. 이러한 접근은 어떤 존재도 대상화되거나 타자화될 수 없음을 의미한다.

해러웨이는 그동안 남성의 일로 여겨져 온 생산 활동이 기술 혹은 기계에 의해 대체되는 상황, 즉 노동 시장의 구조가 달라지고 노동이 유연화(불안정화)된 상황에서 기술과 기계를 소외시키려는 시도가 모든 존재의 존재론적 평등을 지향하는 것이 아니라고 주장한다. 오히려 생산(임금 노동)과 재생산(출산, 가사 등)을 구분했던 여성 억압과 구조적으로 닮았다고 본다. 기술과 기계를 단지 도구로 이해하고 포섭하려는 시도가 여성의 육아와 가사 노동을 무임금으로 착취함으로써 임금 노동의 체제를 지탱해 온 방식과 닮았다는 것이다.

따라서 과학 기술에 대한 이해를 낙관론 대 비관론과 같은 이분법적 접근으로 이해하면 안 된다. 즉, 과학 기술을 터부시하고 과학 기술의 발전이 생태 위기를 가져왔으며 더 큰 재앙을 가져올 것으로 이해하는 비관론이든 과학 기술이 삶을 더 풍요롭게 만들어 줄 것이라는 낙관론이든 양자택일의 관점으로 해석해서는 안 된다는 의미다. 과학 기술을 객관적이고 중립적인 것으로 이해할 것이 아니라 무엇과 어떻게 관계 맺으며 존재하는지, 즉 과학 기술의 이면에 숨겨진 개발에 대한 자본주의적 욕망이 어디서부터 나왔는지를 따져 보아야 한다. 자본주의적 욕망은 대문자 인간(Man)으로 기표되는 존재의 욕망이다. 이는 그동안 대문자 인간만이 주체였고 나머지 인간 존재와 자연이 대상화 혹은 타자화되어 온 것에 대한 문제 제기와도 연결된다.

우리가 세계 속에서 맺는 관계는 권력에 의해 비대칭적으로 이루어진다. 그런 점에서 인류세 담론은 비가시화된 존재가 겪는 생존의 위협을 담아내기 어려울 뿐 아니라 여전히 인간 중심적이고 인간 예외적이다. 예컨대 탄소 중립을 선언하면서 석유를 재생 에너지로 대체하려는 시도에서 그 과정에서 일자리를 잃게 될 사람들의 문제는 지워졌다. 또한 어떤 에너지도 무한하지 않고 지구라는 물리적 세계가 유한하다고 말하면서도[8] 신재생 에너지 기술이 그것을 뛰어넘을 것이라고 보는 접근은 인간 이성에 대한 무한한, 하지만 허황된 믿음을 토대로 하는 인간 예외주의라고 볼 수밖에 없다. 마찬가지로 기후 위기의 심화로 기후 위기 대응 교육 또는 생태 전환 교육을 시도하고 있지만 플라스틱으로 대표되는 쓰레기 문제에만 초점을 맞추고 있는 현실[9]은 일회용품과 플라스틱을 덜 사용하고 재활용을 열심히 하면 기후 위기에 충분히 대응할 수 있다고 생각하도록 만든다. 이는 기후 위기라는 문제 상황 이면에 숨겨진 자연 착취, 인간 노동 착취라

---

8) 리프킨(Jeremy Rifkin)은 열역학 제1법칙(에너지 보존)과 제2법칙(엔트로피 증가)를 토대로 물리적 세계의 유한성을 설명했다.

9) 앞서 확인했듯이 현재 논의되는 생태 (전환) 교육은 지극히 개인적 실천에 초점을 맞추고 있다.

는 비대칭적 권력의 문제를 감춘다.

이에 해러웨이는 전 지구적 생태 위기의 근본적 원인은 지배적인 글로벌 자본주의를 토대로 한 경제 패러다임이라는 점을 지적하면서 인류세 대신 자본세라는 용어를 제안한다(Haraway, 2016/2021:87~89). 단지 인간이 자연을 동등하게 대하고 사랑하는 것만으로 기후 위기를 해결할 수는 없다는 것이다. 기후 위기, 글로벌 자본주의 경제 패러다임 역시 역사적 관계들에 의해 만들어졌다. 따라서 지금 우리가 해야 할 일은 인간과 비인간 존재들과 함께 새로운 관계를 맺으면서 지금까지와는 다른 이야기를 만들어 가는 것이다.

존재에서 관계로

모든 인간과 비인간 존재는 환경과 분리 불가능하고 복합적인 정치, 경제, 사회, 문화, 과학, 물질적 연결망과 얽혀 있으며, 그것들의 예측 불가능한 작용에 의해 유동적으로 변형되는 과정으로 존재한다. 앨러이모(Stacy Alaimo)는 '횡단신체성(transcorporeality)' 개념을 통해 "모든 것이 서로 연결되어 있으며, 인간도 물질적이며 창발적인 세계의 구성 요소"(Alaimo, 2010/2018:63)라고 설명한다. 그동안 환경으로 분리하고 대상화했던 존재들과 인간이 분리 가능하지 않으며, 다양한 존재와 몸된(embodies) 자연 사이의 연결에 의해 존재한다는 것이다.

앨러이모는 다이아몬드와 흑연은 둘 다 탄소 원자로 구성되지만 압력 등 외부 조건에 따라 다른 분자 구조를 가진 완전히 다른 성질의 존재가 된다고 말하면서 어떤 조건과 환경에 의해 연결되는지가 존재를 결정하는 데 중요하게 작용한다고 주장한다. 이러한 관점에서는 우리의 몸 역시 사회 구조, 제도 등과 같은 거시적 맥락뿐 아니라 시간과 공간의 맥락이나 주변 사람, 동물 등과 같은 관계적 맥락과 연결되어 있다. 심지어는 어떤 음식을 먹느냐에 따라 다른 몸을 갖게 된다. 즉, 인간의 몸은 전 지구적 경제 구조, 생산 및 소비 활동과 연결된다. 예컨대 후쿠시마 원전 사고 이후, 일본 해양에 존재하던 방사능 물질이 해류를 타고 한국 바다로 유입되어 국내 연근해에서 잡힌 우럭에서 방사능 물질이 검출될 가능성이 있고 그 우럭을 사서 먹은 사람의 몸속에 후쿠시마 원전에서 유출된 방사능이 유입되어 방사능과 관련된 질병이 생겼다면 그 몸은 시간의 흐름과 공간의 경계를 뛰어넘어 후쿠시마 원전과 연결된다.

따라서 인간의 몸은 다양한 제도, 물질, 담론을 가로지르는 횡단적 신체이며 경계가 분명하지 않다. 이런 점을 강조하기 위해서 앨러이모는 신체(body)가 아니라 '살된(corporeal)'이라는 용어를 사용한다(Alaimo, 2010/2018).[10] 주체와 타자,

안과 밖, 자연과 문화, 인간과 비인간 등 그 어떤 기준도 명확하게 물질을 경계 지을 수 없으며, 물질로서 인간, 곧 인간의 몸은 서로 넘나들면서 경계를 허무는 횡단성을 가지기 때문이다(김종갑, 2020). 이는 사회 현실을 이해할 때 물질성을 중요하게 여기는 존재론적 전환을 의미한다. 따라서 역사적 구성물이자 사회적 협약으로 인정되는 인간 존재 자체에 대한 새로운 방식의 이해가 필요하다.

타자의 존재를 통해 인식되는 자아

'나'라는 존재를 설명하기 위해서는 반드시 나라는 존재의 바깥이 필요하다. 즉, '나'는 그 내부에 설명할 수 있는 무엇이 있는 것이 아니라 나의 바깥에서 말 걸어오는 것에서 시작된다(Butler, 2003/2013:72). 자기 자신을 설명하기 위해서 타자에게 말을 걸지만 그 과정에서 확인할 수 있는 것은 나라는 존재의 동일성을 설명할 수 없다는 사실이다. 즉, '너'가 없다면 나라는 존재를 설명하는 일이 불가능하다는 것이며, 나라는 존재는 너와의 관계 속에서만 존재한다는 말이다(Butler,

10) 상대적으로 신체는 경계가 명확한 동일성을 표상하는 반면, '살된'은 경계가 명확하지 않다. 또한 '살된'이라는 단어에는 물질세계와 관련된다는 의미를 포함한다는 점에서 신체보다 관계성이 강조된다.

2003/2013:144). 타자에게 말 거는 과정은 존재의 취약성과 의존성을 확인하는 일이며, 그것이 윤리의 조건이다. 따라서 윤리는 인간으로서 해야 하는 보편타당한 의무가 아니라 나와 분리될 수 없는 타자와 연결되는 과정에서 계속 변화하는 자기 자신의 제작 과정이다.

나라는 주체를 중심으로 나머지를 대상화하는 방식으로는 모두의 좋은 삶과 같은 공공의 가치를 말하기 어렵다. 이뿐만 아니라 나라는 주체는 독립적이고 개별적으로 존재할 수 없으며, 다른 존재와의 연결을 벗어난 채로 존재할 수도 없다. 그런 점에서 주어로서 나(I)가 존재하는 것이 아니라 수동적 존재로서 목적어 나(me)로 존재한다. 우리는 다른 존재에 의지하지 않고는 살 수 없는 취약한 존재이며, 다른 존재들이 아니고서는 나라는 존재를 설명할 수도 없는 수동적 존재다. 이렇듯 취약성과 수동성을 바탕으로 인간 존재를 관계적이고 생태적으로 인식할 때 인간 중심주의와 인간 예외주의에서 벗어날 수 있다. 더불어 개별 주체를 강조하면서 나머지를 도구화, 대상화하고 자기 계발의 주체를 길러 내는 교육에서 다른 존재와의 공생을 사유하고 경험하도록 이끄는 생태 문명 교육으로의 전환이 가능해진다.

주체라는 것은 혼종적(hybrid) 생산물로서 다양한 관계망 속에서 변화함으로써 유동적으로 존재한다. 그러므로 주체화는 탈주체화와 분리되지 않는 '타자-되기'의 과정이다. 여기서 타자는 비동일자로서 너를 의미하는 것이 아니라 힘들이 접촉하고 마주치면서 차이를 연결하고 새로운 차이를 발생시키는 새로움이다(김은주, 2018b:65). '되기'란 이질적인 것들의 연결, 접속의 과정에서 생성되는 관계망으로 기존 영토의 경계를 해체하고 탈주하는 탈영토화 과정이다(윤서정, 2020:138). 그러므로 자기 계발의 주체를 길러 내는 교육을 이질적인 것들의 연결 속에서 차이를 생성하고 계속 변용하는 탈중심화, 탈주체화의 과정으로 전환한다면 교육은 다양한 관계망을 토대로 행위하고 변화하는 네트워크로서 주체성에 기초하게 된다.

나라는 존재를 설명하기 위해 타자와의 연결은 필연적이며, 탈중심화의 과정으로서 주체화는 상호 연결된 관계적 행위성(agency)으로 존재한다. 즉, 나라는 존재가 관계에서 분리되어 존재하지 않고 서로 다른 존재들과의 마주침 속에서 무언가가 되어 가는 과정과 현상으로 존재한다. 따라서 수동성과 취약성은 존재 양식의 전제이고 주체화의 조건은 관계성에 있다.

버틀러(Judith Butler)는 주체화의 과정이 탈중심화로서 타자에게 말 걸기로 맺어진 관계를 통해 이루어지지만 그것이 자기 인식을 의미하지는 않으며, 오히려 자기 동일성의 실패라고 주장한다(김은주, 2018b:72~73). 또한 거기서부터 책임과 윤리가 생겨난다고 봤다. 교육은 무엇이 옳은가에 대한 가치 판단을 전제하며, 그렇기 때문에 존재와 세계에 대한 책임과 윤리를 내포한다. 지금까지 교육에서 책임과 윤리를 가장 우월한 존재로서 인간이 다른 존재와 세계에 베푸는 시혜로 다뤘다면, 이제는 책임과 윤리의 문제를 나의 실존 문제로 다룰 필요가 있다. 책임을 진다는 것은 나라는 존재가 타자와 분리 불가능한 관계에서 비롯되며, 나라는 존재가 수동성과 취약성이라는 전제 위에서 가능하다는 것을 인정하는 것이기 때문이다.

분절된 주체에서 연결된 존재로

존재와 인식의 분리 불가능성

인간의 이성을 중심으로 세계를 이해하면, '외재하는 물질'은 "항상-이미 작용하고 있는 무엇"(최진석, 2021:62)이며, 알려진 것과 알려지지 않은 것으로 구분된다. 다시 말해 인간은 자신의 지식을 중심으로 세계를 알려진 것과 알려지지 않은 것으로 구분한다. 여기서 알려지지 않은 것은 실재하지만 아직 인간이 파악하지 못한 것이다.

그렇다면 무의식은 무엇인가? 알려지지 않은 것이지만 우리는 그 존재를 감각할 수 있다. 이에 대해 최진석(2021)은 무의식을 "현실 속에서 작동하는 물질적 감응(affect)"으로 설명한다. 즉, 우리가 무의식이라고 부르는 것 역시 물질이며, 물질이란 경험을 통해서 감응될 수 있는 시간성 속에서 창조적으로 생성되는 생동성 그 자체라는 것이다. 물질은 시간의 계속성 속에서 주체와 객체의 구별 없이 "생성적 혼성의 과정에 함께-있음"을 보여 주는 것이다. 인간 역시 인간과 물질이 서로 겹쳐지고 미끄러지는 과정의 범위다. 따라서 인간이 무엇이고 물질이 무엇인가와 같은 질문은 중요해지지 않으며, 물질이 어떻게 구성되고 변화하는가와 같은 질문이 중요해진다.

바라드(Karen Barad)는 행위적 실재론(agential realism)을 통해 물질이 어떻게 구성되고 변화되는지를 일목요연하게 정리했다(Barad, 1999/2009). 바라드는 주체와 대상, 담론과 실천, 행위와 구조 등의 이분법적 구분을 해체했다. 그는 그 어떤 것도 독립적 혹은 선험적으로 존재한다고 보지 않는다. 더 나아가 인식과 존재가 분리 불가능함을 주장한다. 이러한 주장의 논리를 뒷받침하고자 양자역학에 기대어 빛이나 전자(electron)의 입자성과 파동성이라는 상보적 성질이 어떻게 규정되는지를 살펴본다.

양자역학의 핵심 원리는 하이젠베르크의 불확정성 원리(principle of uncertainty)[11]와 보어의 상보성 원리(principle of complementarity)[12]다. 빛이나 전자와 같은 양자역학 세계의 물질은 일반적으로 관찰되지 않는다. 빛이나 전자는 파동과 입자의 성질을 모두 가지고 있지만 입자와 파동은 동시에 관찰되지 않는다. 측정 도구에 따라서 입자 혹은 파동으로 다르게 관찰되며(상보성 원리), 위치와 운동량을 동시에 정확하게 알 수 없다(불확정성 원리). 불확정성 원리는 측정하는 행위와 대상 간의 분리 가능성을 염두에 둔 인식론적 원리로 해석되지만, 보어의 상보성 원리는 측정 행위와 대상 사이의 분리 불가능성, 곧 측정이라는 행위 이전까지 존재의 비결정 상태가 전제된다고 보는 존재론적 원리로 해석된다.

---

11) 양자역학에서 두 개의 관측 가능한 물리량, 즉 위치(또는 운동량)를 정확하게 측정하는 순간의 운동량(또는 위치)을 정확하게 결정하는 것은 불가능하다는 원리다.

12) 불확정성 원리를 설명하기 위한 철학적 개념이다. 양자역학에서 위치와 운동량 중 어느 한쪽을 정확하게 측정하는 순간 다른 한쪽이 정확하게 측정될 수 없는 이유는 전자가 입자성과 파동성이라는 이중성 때문이다. 즉, 전자는 입자와 파동의 성질을 모두 가지고 있지만 우리가 관찰할 수 있는 것은 입자 혹은 파동이며, 그 때문에 입자이면서 동시에 파동으로 존재할 수 없다.

바라드는 보어의 입자-파동의 상보성 원리가 측정 조건에 따라 양립 불가능한 결과로서 파동과 입자로 다르게 측정된다(존재한다)는 점에 주목했다. 예컨대 전자가 입자성이나 파동성을 드러내는 것의 차이는 전자가 무엇과 상호 작용하는가, 즉 어떤 상황에 놓여 있는가에 의해 결정된다는 것이다. 그것은 전자의 입자성 혹은 파동성이라는 속성이 관찰하는 행위와 분리된 상태에서는 불가능함을 의미한다. 다시 말해 측정하는 행위자, 측정 대상, 측정 도구, 측정하는 행위 사이의 얽힘의 결과로 존재의 물질성을 현상으로 확인하게 됨을 의미한다. 양자역학을 통해 바라드가 말하고자 하는 것은 실재(reality) 혹은 관찰하게 되는 물질이 복잡한 상호 작용 자체와 분리될 수 없는 현상의 일부라는 점이다.

그것은 과학 기술과 연구에 의한 과학적 사실 역시 사회적 구성물이며, 연구 대상인 세계와 현실이 객관적으로 존재하는 것이 아니라 물질적-담론적 실천 내부에 있음을 의미한다. 따라서 지식을 생산하는 과학 기술 장치는 물질적-담론적 장치이며 그 안에는 권력이 관계되므로 연구하는 주체와 연구 대상은 명확하게 구분되지 않는다. 결과적으로 우리가 보는 현상이란 대상과 관찰자를 포함한 내부의 상호 작용, 즉 내부 작용(intra-action)'의 산물이다.

내부 작용은 상호 작용(interaction)과는 구분된다. 상호 작용은 분리된 존재를 전제하고 그것들 사이의 관계를 의미한다면, 내부 작용은 우리가 관찰 혹은 인식하는 현상 그 자체가 이미 얽혀 있는 상태이자 내부적 상호 작용의 결과임을 의미하기 때문이다. 바라드는 '내부의 상호 작용'을 선험적으로 존재하는 상호 독립적인 행위자 사이의 상호 작용과는 구분되는 존재에 앞선 행위성들 사이의 관계로서 "얽힌 행위성의 상호적 구성"으로 정의한다(Barad, 2007). 바라드는 관찰 대상과 관찰 행위의 분리 불가능성을 의미화하기 위해 내부 작용이라는 용어를 사용했다. 내부 작용은 행위적 실재론의 핵심 개념이다. 행위적 실재론은 경계, 속성, 의미가 행해지는 방식에 차이를 만들어 내는 세계의 특정한 물질적 (재)배치라는 관계성에 주목한다.

결과적으로 우리가 존재라고 인식하는 것은 '존재론적 얽힘(entanglement) 현상'이며 개별적으로 구분되지 않는 성분 사이의 내부 작용에 의해 드러나는 한 단면이라는 것이다(임소연, 2020). 또한 바라드는 내부 작용 중에 주체와 대상의 분리 효과를 일으키는, 즉 우리가 관찰하는 특정 현상을 가능하도록 하는 과정을 '행위적 자름(agential cut)'이라고 명명한다. 이는 현상 내부에 일어나는 국소적 작용이다. 앞서 언급한 전자가 입자 또는 파동으로 관찰되는 것을 통해 드러나는 속성은 얽힘 속에서 발생한 사건이며, 그렇게 드러난

속성은 절단에 의해, 즉 절단의 결과로 얻어지는 의미다. 즉 내부 작용하는 행위성은 존재론적으로 분리 불가능하지만, 행위적 절단에 의해 속성을 규정할 수 있게 된다. 이와 같이 존재는 특정한 얽힘 속에서 절단된 한 형태일 뿐이다.

인간의 몸을 포함하여 모든 물질은 고정적 실체로 존재하지 않는다. 매 순간, 매 관계의 끊임없는 차이와 반복을 통해 '나'의 존재를 인식한다. 그것은 나라는 존재가 고정불변하는 실체가 아니며 동시에 나라는 존재에 대한 인식과의 분리 불가능함을 의미한다.

재배치를 통해 구성되는 존재

존재와 인식의 분리 불가능성에 입각하면 몸과 물질은 고정된 경계를 가진 것이 아니라 시공간에서 사회적, 문화적으로 경계가 구분되는 물질화(materialization) 과정을 통해 수행되는 것이다. 이는 젠더와 정체성을 수행성으로 재개념화한 버틀러(Butler, 1993)의 논의와 연결된다. 다만 바라드는 버틀러의 수행성 논의가 여전히 물질과 담론 사이의 이분법에서 완전히 벗어나지 않았다고 비판하면서, 모든 종류의 몸/물질의 물질화를 고려하면서 담론적 실천과 물질적 현상의 관계를 엄밀하게 정립하고자 했다. 이렇게 본다면 인간을 포함한 모든 물질은 물질-되기의 과정으로서 실재하며, 물질의 실재와 의미의 선후가 존재하지 않는다. 그것은 주체/대상의 이분법뿐 아니라 실재론/구성주의, 물질/담론의 이분법에도 도전한다.

행위적 실재론은 "경계, 속성, 의미가 행해지는 방식에 차이를 만들어 내는 세계의 특정한 물질적 (재)배치"라는 행위성이 일종의 '되기'로서의 활동이며, 그것이 곧 존재라고 설명한다. 다시 말해 존재는 수행을 통해서만 확인 가능하며, 수행성은 고정된 것이 아니라 끊임없는 움직임이다. 이러한 접근을 통해 존재는 물질의 행위이며, 우리가 존재로 인식하는 것은 선험적 존재가 아니라 특정 시간과 공간에서 움직이는 현상이 된다. 그러한 움직임은 수많은 관계의 얽힘 속에서 이루어진다. 이는 주체와 대상과 같은 관계 항이 먼저 존재하고 그것들 사이의 관계가 의미가 되는 것이 아니라, 관계로서 행위성을 통해 관계 항이 나중에 결정된다는 의미다. 즉, 세계는 모든 측면에서 상호적으로 서로가 서로에게 영향을 주고 조합되거나 조합되지 않는 방식의 관계를 통해 존재를 확인할 수 있다. 즉 물질은 행위적(agentive)이며, 고정된 본질 혹은 속성을 갖지 않는다. 따라서 물질과 의미는 분리되지 않는다.

이러한 관점으로 보면 주체와 대상, 원인과 결과, 과거와 현재의 구분 역시 절대적일 수 없다. 즉 주체와 대상이 먼저 존재하고 이들이 관계하는 것이 아니라 관계로서 행위성으로부터 존재가 설명된다. 내부 작용하는 행위성, 즉 행위성의 내부 작용에 의해 경계와 속성이 규정될 뿐이다. 즉 실재는 내부 작용이라는 관계적 행위성에 의한 결과다.

따라서 교육에서는 존재와 인식 그 자체에 대한 질문보다 주체와 대상, 자신과 타자, 행위와 대상 등 분리 불가능한 물질을 분화하는 특정한 내부 작용, 장치, 자름 자체에 질문을 던지는 것이 중요하다. 그 행위적 자름의 현상에 어떤 실천, 기술, 담론, 정책, 제도 등이 얽혀 있는지, 그 과정에서 무엇이 배제되고 무엇이 가능해졌는지를 추적하고 해명하는 것은 윤리의 문제이자 책임의 문제이기 때문이다.

독립성과 합리성에서 정동 기반의 책임과 연대로

정동에서부터 시작되는 책임

모든 것이 지구 생태 시스템으로서 자연 안에 있고, 자연 안에서 모든 것은 행위자로 연결되어 하나의 연결망을 이루고 지속하는 관계임이 분명하게 공유되면, 생태 문명으로의 전환을 위한 교육에서 핵심이 되는 원리는 정동이다. 정동은 맥락에 따라 다양하게 정의되지만 인간과 자연, 인간들 사이의 긴밀한 연결성을 체득하는 새로운 삶의 방식을 창출하는 신체 능력으로 정의할 수 있다. 즉, 정동은 관계적이고 잠재적이다.

근대 문명에 근거한 교육에서 생태 문명에 근거한 교육으로 전환하기 위해서는 주체와 대상, 물질적인 것과 언어적인 것 사이의 분리를 넘어서야 하고, 신체를 인간과 비인간의 경계를 넘어서 자연과 인간이 모이고, 자연과 인간을 모으는 자율적이며 생성적이고 관계적 힘으로 보고 접근하는 것이 중요한데 이 연결을 활성화하는 것이 정동이다.

정동은 신체들 사이의 마주침에서 나오는 힘이다. 정동은 신체가 상황에 반응하는 능력을 형성하는 다양한 신체의 접촉에 의해 발현되며, 신체들이 만나는 바로 그 순간에 출현하는 동시에 그와 연관된 신체들에 영향을 미친다. 정동은 개별 신체의 만남과 상호 작용의 결과이지, 개별 신체의 한 부분이 아니기 때문이다. 즉, 신체들 사이의 조우에 의한 견고함과 지속성이라는 차원에서 설명되는 것이 정동이다.

정동이 생태 문명을 위한 교육의 원리가 되는 이유는 근대 문명이 낳은 교육의 문제점과 이의 해결을 위한 교육의 생태적 전환에 비추어 요구되는 관계적이고 이행적인 방식으로 교육을 재정의하는 데 핵심이 되기 때문이다. 먼저 정동이 관계적 힘이라는 점에서 주체의 속성으로 환원될 수 없다. 다시 말해서 정동은 초개인적(transpersonal)이며 관계적이다. 관계적이라는 것과 함께 또 한 가지 중요한 속성은 상태들의 이행과 운동에 집중한다는 것이다. 정동은 한 상태에서 다른 상태로의 되기, 즉 이전 상태에서 현재 상태로, 혹은 현재 상태에서 다음 상태로의 생생한 이행을 가리킨다.

다음으로 정동은 감정과 이성, 언어와 비언어적 영역을 교차한다. 정동은 의식이나 의지로 번역되기 이전에 이미 우리의 신체를 흘러 다니며 자율적 행위를 촉발하는 요소다(이항우, 2019). 신체 경험이 사회 언어적으로 고정되는 순간 그것은 감정이 되고, 이성에 의해 포착되지만 의미론적이고 기호론적으로 해석되지 않는다. 정동은 제한당할 수도, 인식될 수도, 소유될 수도 없다. 관계적이고 이행적이며, 언어와 비언어적 경계를 횡단하기 때문에 정동은 포획될 수 없다. 종종 감정이나 기호로 응축되고 표현되며, 개별 인간을 중심으로 인식될 때 그것은 주체의 의식과 감정이 될 수 있지만 정동은 온전히 감정으로 환원되지는 않으며 환원될 수도 없다. 정동이 포착되는 순간에는 언제나 주체로서 인간이 인지하지 않거나 분명히 느끼지 못하는 어떤 잉여와 잠재성이 존재하는 까닭이다.

정동은 개인을 사회의 규칙과 규범에 순응하는 존재가 아니라 그 논리와 지배력을 교란하는 존재로 만드는 신체적 잠재성이다. 그것은 의식과 규범과 감정에 종속되지 않으면서도 우리의 사고 생성에 매우 적극적인 요소로 작용한다. 따라서 정동은 모든 것을 비결정적인 것으로 만든다. 즉, 정동은 신체를 포함해 모든 것을 사회적 지위와 문화적 가치가 담지된 것으로 항상 느끼고 움직이는 물질로 바라보게 한다. 루딕(Susan Ruddick)에 따르면, 스피노자는 인간이 행동할 힘을 높이기 위해서는 스스로 다른 사람들과 협력해야만 하는데, 그 목표를 극대화할 때 다른 사람을 착취할 목적으로 형성하는 집합체는 더 큰 집합적 권력의 가능성을 잃게 될 것이라고 말한다(Ruddick, 2010). 또한 우리는 끊임없이 연대하고 협력하려 하며 그 속에서 즐거움과 기쁨을 얻고 잠재성과 행동할 수 있는 힘을 높이는 방식으로 모든 신체의 생존을 지속하고 자신의 존재 범위를 확장하려고 애쓴다(이항우, 2019). 스피노자 윤리학은 이러한 결합과 협력의 정동이 활성화될 토대를 제공한다.

생태 문명을 위한 교육을 위해서는 인간을 독립적인 합리적 행위자(rational actor)로 바라보는 전제를 바꿔야 한다. 본래 인간이라는 개념은 고정된 개념이 아니라 시대의 흐름에 따라 변천을 거듭해 왔다. 휴머니즘의 입장에서 인간은 철저히 백인, 중산층. 이성애자 남성(Man)이었다. 따라서 휴머니즘(인본주의)의 시대에는 인간의 정의가 인권적 측면에서 주로 논의되었다. 인권이 인간을 구성하는 윤리적, 도덕적, 정치적 판단의 척도가 되었는데 이 시기 인간의 범주에는 특정 조건의 남성밖에 없었다. 시대의 흐름에 따라 인간의 개념이 여성, 인종, 나이, 성 정체성 등을 넘어서는 개념으로 확장됐다.

포스트휴머니즘을 포함해 인간을 새롭게 개념화하려는 시도가 있지만 해러웨이는 인간을 넘어 사이보그나 크리터와 같은 다른 용어로 대체한다. 그는 우리 모두 기계와 유기체로 이론화되고 만들어진 혼종적 존재이고, 그 점에서 우리 모두 사이보그라고 말한다. 따라서 해러웨이는 사이보그가 우리의 존재론이라고 주장한다. 사이보그로서 인간은 인간/기계, 자연/문화, 유기체/무기물 등의 이분법을 교차하고 횡단하며 다른 존재들과 얽힌 내부 작용을 실현하는 응답적(response-able) 존재다. 해러웨이는 이러한 사이보그적 주체를 설명하기 위해 맹인의 지팡이를 예로 든다.

맹인의 지팡이는 맹인이 세계를 더듬어 나가는 외부 장치가 아니라, 지팡이를 통해 세계를 접촉하는 그의 신체의 연장(extension)이라는 것이다. 이런 맥락에서 인간은 비자연적 도구나 장치와 분리되어 이들을 이용하는 독립된 주체가 아니라 이들을 인지적으로 결합하는 자연적 혼종 그 자체다. 인간 개념을 사이보그로 전환하려는 해러웨이의 사유는 생태 문명으로의 전환을 위한 교육에서 중요한 인간 개념이 된다. 따라서 책임은 의지의 문제가 아니라 존재의 취약성과 수동성이 드러나는 무의지적 지대에서 발생한다(Butler, 2013; 김은주, 2018a:77에서 재인용). 이때의 취약성과 수동성은 물질과 담론, 인간과 비인간, 제도와 행위 등 우리 몸과 관계된 모든 것과 서로 분리된 상태가 아님을 깨닫는 것이며, 나라는 존재를 명확하게 경계 지을 수 없음에 대한 자각이다.

정동 기반 교육의 조건: 비지배의 자유, 참여, 연대

관계론적 존재론이 기반이 되는 교육은 세계와의 연결성, 유대감, 공존 등을 중시하고 인간을 합리적이고 독립적 주체가 아니라 서로 돌보고, 나누는 존재로 재해석한다. 스피노자의 윤리학과 연결하면 물질적 자원을 보존하는 것과 함께 즐거움을 주는 연대를 향한 노력이 자본주의의 효용 극대화, 시장 논리의 지배적 사고에 포획되지 않는 것이다. 즉, 정동을 통해 세상에 작용을 가하는 자율적 주체가 아니라 세상에 반응하는 관계적 창발이 전면화된다. 관계적이며 창발적 주체가 되도록 하기 위해서는 비지배(non-domination)의 자유, 참여(participation), 연대(solidarity)가 전면화되어야 한다.

무엇보다 비지배의 자유는 자연과 인간의 의존적 관계가 인간의 자연 지배로 인해 끊어진 사실에 주목한다. 인간의 자연 파괴로 인해 과거엔 없었던 환경 문제가 생겨났다. 상호 의존적 관계가 지배로 인해 상호 파괴적 관계로 변질된 것이다. 남성의 여성 지배, 계급 간의 지배와 같이 인간의 인간 지배가 확장된 것이 인간의 자연 지배다(Bookchin, 1995/1997). 따라서 인간 사회가 지배 구조에서 벗어나 모든 것이 불간섭이 아닌 비지배 관계가 되어야 비로소 인간과 자연 사이의 관계도 상호 의존적 관계로 전환될 수 있다.

지배는 지속 가능성을 위협한다. 우월한 힘과 권력을 가진 집단과 그렇지 않은 집단 사이에서는 협력과 상호 의존 관계를 유지하기 어렵다. 이것은 사람이나 조직뿐 아니라 제도나 프로그램, 혹은 상품에서도 마찬가지다. 힘의 차이가 존재할 때 상호 의존 관계는 지배와 피지배 관계로 변화된다. 지배적 관계는 관료제를 강화하고 지역이 아닌 중앙의 지배를 정당화한다. 전문가가 지배하고 기술 의존적이 되며 조직이 거대화되면서 개인이나 지역 사회의 참여와 연대, 즉 분권화와 지역성을 가로막는다. 자연에 대한 지배도 강화된다. 무엇보다 지배는 생태계의 지속 가능성을 보장하는 다양성을 가로막는다. 특히 지배는 표준화(standardization)라는 이름으로 획일화하고 모든 것을 시장과 경제적 생산 체제로 편입한다. 자연스레 표준에서 벗어나는 상황적 변수들과 다양성을 고려하는 것은 비효율적이어서 무시된다. 사회 구성원 사이의 지배와 피지배 관계는 상호 의존 관계를 왜곡하여 위계 관계로 만들어 버린다. 구성 요소 간의 상호 의존 관계가 끊어진 생태계가 곧 사라지듯이 이런 지배 관계가 사회의 존립을 위협한다. 따라서 비지배의 자유는 생태 문명으로 전환을 위한 정동의 핵심 요소다.

정동에 기반한 교육에서 중요한 또 다른 조건은 참여다. 참여는 함께 모여드는 힘과 정치적으로 합심하여 행동하는 힘을 포착하려는 의도를 의미하는 것으로, 어떻게 정치적 원칙과 실천의 광범위한 망과 만날 수 있는지에 대한 것이다. 정동은 집합적 주체와 사회관계, 사회 자체를 생산한다는 점에서 정치적 실천의 필수 구성 요소다. 정동이 지닌 전복 정치적 잠재성은 작지 않다. 자본에 의한 생명의 실질적 포섭 시대에 그것은 인구의 생산, 관리, 통제, 재생산에 집중하는 위로부터의 생명 권력에 저항하는 아래로부터의 생명 권력을 창출한다.

정동의 생산과 재생산 속에서, 문화와 소통의 네트워크 속에서 집합 주체성이 생산되고 사회성이 생산된다(Hardt, 1999:96). 정동은 권력이 그 속에 온전히 가두지 못하는 힘을 제기한다는 점에서 독자적이고, 주체들 사이에 공통성을 구축한다는 점에서 일반적이다. 아울러 독자적인 것과 일반적인 것 사이에 지속적인 운동이 일어난다는 점에서 정동은 변화의 힘 혹은 스스로 증식하는 힘이다. 또한 정동이 극복한 모든 장애물은 정동 그 자체의 행동 능력을 키우는 재료가 된다는 점에서 그것은 전유하는 힘이다. 나아가 정동은 확장하는 힘인데, 자유롭고 개방적이며 분산하기 때문이다(Negri, 1999:85~86). 무엇보다 정동은 억압적 현실의 혁명적 재구성을 촉진한다. 위로부터의 생명 권력은 생명에 대한 권력(power over life)이지만, 아래로부터의 생명 권력 혹은 생명정치(biopolitics)는 우리의 자유를 추구하고 보호하도록 하는 생명의 힘(power of life)이다.

현재 교육에서 참여는 인간의 욕망과 탐욕을 활성화하는 방향으로 구조화되어 있다. 교육은 탐욕을 낳고, 탐욕은 지배를 재생산하는 흐름으로 자신의 미래를 구성하도록 한다. 이렇게 자신의 미래를 자본과 노동으로 조직화하도록 하는 것이 자본주의 교육 체제다. 문제는 욕망과 정동이 가진 다양한 요소 때문에 욕망 자체를 무로 돌리거나 기계적으로 제한할 수는 없다는 것이다. 새로운 참여의 흐름을 통해 욕망을 새로운 힘으로 만들어야 한다. 그 방향은 공유와 협력 관계다. 참여는 문제를 해결하려는 노력과 경험을 공동체 구성원들과 공유하면서 해결해 나가는 역량을 강화한다.

정동에 기반한 교육의 마지막 조건은 연대다. 연대는 공동체 간의 공식적인 협력 관계다. 협력 관계는 새로운 생활 방식을 만들고 공동체 의식을 함양한다(Morrison, 2005). 구성원들이 협력 체제를 구축하고 연대하여 조직이나 지역 및 사회 문제를 해결하는 것은 중요하다. 연대가 잘 이루어진 사회에서는 시민 사회 조직이나 구성원들의 연대가 강해지고 그 수준이 복잡할수록 상대적으로 우위에 있는 정부와 기업의 힘은 약화되고 산업주의의 병폐 현상에서 생태적 공공성을 보장할 수 있다.

'모으기-모이기'는 새로운 민주적인 정치적 가능성을 인식하는 렌즈다. 집회(assembly)는 구성 권력이다. 사회적 대안을 구성하는 '권력을 장악하되 다르게', 즉 사회적 생산에서 연대를 통해 장악하는 메커니즘이다. 그것은 이전보다 훨씬 더 강력한 형태의 구성 권력으로 나타난다. 이 구성 권력은 자유, 평등, 민주주의, 부 등의 의미와 내용을 새롭게 재편할 제도화로 나아갈 잠재력을 가진다. 존재론적으로 연대는 자연-인간-기계의 결합으로서 복수적이며 교차하는 특이성들의 결합이고 생성적 생산과 삶을 활성화하며 공유지, 공유재 등 공통적인 것을 다중에 위임하는 공통권의 확립으로 구체화될 수 있다.

정동에 기반한 교육은 생태 문명으로의 전환 과정에서 중요한 실천으로 자리매김할 수 있다. 정동은 사회 자연 복합체로서 새로운 주체성 형성의 기반을 사고할 수 있도록 하기 때문이다. 수많은 몸 사이의 정동적 관계는 주체와 객체, 인간과 비인간 사이의 이분법을 극복하고, 상호 주관적인 소통과 정동적 관계를 통해 서로 같이 구성되는 것으로 생각하도록 한다. 따라서 생태 문명이 인간들 사이의, 인간과 환경 사이의 정동적 관계에 집중할 때 우리의 실천은 더욱 풍부하고 완전해질 수 있다. 특히 새로운 문명을 만들어 가는 과정에서 필요한 관계론적 존재론이 정동을 통해 구체화될 수 있다.

홀로서기에서 함께 돌보는 의존성으로

존재의 의존성과 취약성을 인정하기

홀로 존재하는 것은 없으며, 존재하는 것들은 이미 얽혀 있다. 즉, 사물과 유기체 및 인간의 삶은 얽혀 있음을 통해 작동한다. 사물도 행위성을 갖는다는 것은 존재에 대한 새로운 생각이 필요하다는 의미다. 사물들이 얽혀 있다는 것은 상호 작용이라는 용어도 다시 생각하게 한다. 모든 존재는 내부적 작용을 통해 삶을 함께 만들어 나가는데 상호 작용은 두 물체 혹은 주체와 객체를 전제하기 때문이다. 주체와 객체가 존재하고 주체와 객체가 상호 작용한다면 상호 작용은 두 행위 주체들에게 부수적인 어떤 것으로 간주될 수 있다. 하지만 실재가 선행적으로 존재하는 구별된 행위 주체들의 상호 작용이 아니라 뒤얽힌 행위 주체들의 상호적 구성을 통해 현상한다면, 그들은 상호적 얽힘과 관계를 통해서만 구별되며, 개별 요소로 존재하지 않는다. 따라서 모든 상호 작용은 내부 작용이 되고, 이 과정에 수많은 비인간 행위 주체가 함께 참여한다. 이 개념을 좀 더 명확히 하면 앨러이모의 횡단신체성으로 개념화할 수 있다.

앨러이모는 인간의 몸이 외부 환경과 구별된 것이 아니며 오히려 내외를 가로질러 교차하는 자리일 뿐 아니라 환경으로 살의 질감을 연장하는 자리이기도 하다고 말한다. 이를 통해 앨러이모는 바라드의 물질적 행위성을 인식하고 실천할 방법을 모색한다. 즉, 횡단신체성은 인간이 언제나 물질세계의 뒤죽박죽이고, 우발적이며, 창발적인 혼합물의 구성요소임을 주장하는 개념이다. 즉, 우리의 몸을 환경이 끝없는 파동으로 직접 관통한다.

횡단신체적 행위성을 인식했다면 이제 주체의 주도권을 내려놓고, 의지와 생각, 행위가 얼마나 물질들의 능동적인 행위로부터 영향을 받아 창발하는지 숙고해야 한다. 그리고 책임감(responsibility)과 윤리 등을 횡단신체성에 따라 재정의해야 한다. 책임감은 비인간 존재에 대한 감응 능력이다.

윤리는 타자를 나와 분리된 전적인 타자로 간주하면서 응답하는 것이 아니라, 그 타자들과 더불어 창발하면서 상호 구성적으로 얽혀 있음을 인식하는 것이다.

이렇게 책임, 윤리를 재구성하면 인간 중심적 돌봄의 윤리도 재구성된다. 이제까지는 인간이 태어나서 성인기에 이를 때까지 상당한 기간, 아니 평생에 걸쳐 신체적 · 정신적 · 물질적 측면에서 타인의 보살핌을 받는 것으로 돌봄을 정의했다면, 횡단신체성 관점에서 돌봄은 타자와 우리가 내적 작용의 행위 주체들과 더불어 창발하면서 상호 구성하고 얽히는 과정이다.

상호 의존적 돌봄으로서 교육

누스바움(Martha Nussbaum)은 돌봄의 문제를 정의와 형평성의 문제로 인식하며 롤스(John Rawls)의 계약 이론을 재검토한다. 누스바움은 롤스의 계약 이론이 정의를 위한 기획이지만 동시에 부정의를 생산한다고 비판한다. 롤스의 계약 이론은 인간을 자유롭고, 평등하고, 독립적이며 합리적인 존재라고 가정하기 때문이다. 의도했건 의도하지 않았건 돌봄을 주고받으며 의존적 상태에 있는 사람들을 롤스의 정의론은 배제하거나 주변화할 가능성이 높다.

누스바움이 롤스의 사회 계약에 대한 아이디어를 검토한

이유는 모든 사회에서 사람들은 돌봄을 주고받으며 살아간다고 보기 때문이다. 따라서 정의로운 사회는 돌봄을 필요로 하는 사람이 돌봄을 받을 수 있고, 돌봄을 제공하는 사람이 타인의 목적을 위한 수단으로 착취되지 않는 사회, 모든 사람이 평등한 상태에서 좋은 삶의 기회를 제공받고 인간 그 자체로서 존중받는 사회다. 돌봄은 인권의 문제이며 시민으로서 성장을 위한 근본 토대다. 따라서 누스바움은 돌봄을 인간의 근본 조건으로 보며, 역량을 개인이 성취해야 하는 것을 넘어 정치 공동체가 시민으로서 역량을 창조할 수 있도록 적극적으로 지원하여 물질적, 제도적 환경을 만들어 주는 것으로 전환한다. 왜냐하면 이러한 공통의 기반 위에서만 시민들은 각자 자신의 방식으로 삶을 설계하고 선택할 수 있기 때문이다. 결론적으로 돌봄은 인간과 사회, 정치 공동체 구성에 필수 불가결한 가치이며 배움을 통해 자유로운 존재로 성장하기 위한 토대다.

돌봄의 개념을 비인간 존재까지 확장하면 모든 존재는 지구 생태 시스템에 의존적이며 서로가 서로에 대해서 의존적이다. 따라서 모든 존재는 관계적이고 상호 의존적인 다양한 관계와 얽힘의 망으로 구성된다. 나라는 존재의 취약성과 의존성을 이해하고 관계적 맥락 속에서 존재를 인식하고, 그러한 관계망 속에서 함께 세계를 만드는 삶을 구체화한 것이 바로 돌봄이다.

교육 원리로서 돌봄은 관계를 인식하는 것이며, 이를 확장해 가는 과정이다. 낯선 것처럼 느껴지는 지구 반대편의 문제가 나라는 존재와 삶과 연결되는 지점을 찾으면, 지구 반대편의 문제는 곧 나의 문제가 된다. 세계시민성의 본질이 돌봄이며, 돌봄은 더 능력 있는 누군가가 능력 없는 누군가를 대상화하는 과정이 아니라 서로가 서로에게 중요한 존재임을 인식하는 과정이다.

성취 역량에서 응답과 생성 역량으로

역량에 새롭게 접근하기

생태 문명을 향한 교육 원리로서 정동이 인간과 비인간의 관계적이며, 상호 생성적이고, 이성과 언어를 포괄하는 정서를 활성화한다면, 정동을 통해 형성되는 역량은 측정 가능한 나열적 역량과는 다른 관계적이며 생성적 역량이 된다.

역량은 전통적인 지능 검사나 적성 검사가 학교 성적은 뛰어나게 예측하지만 직무 성과나 인생에서의 성공 여부에 대한 예측력은 낮다는 것이 밝혀지면서 대안적 모델로 등장했다. 인간의 삶에 유의미한 능력을 지능이라는 단일 요소로 대변할 수 없다는 문제의식이 역량 개념을 창안하게 했다. 역량 개념이 지식을 넘어 삶과 관련된 심리적 또는 행동적 특성을 나타내는 상당히 넓은 의미로 정의된 것은 교육에 긍정적으로 기여했다. 역량에 대한 논의가 확대됨에 따라 우수 수행자와 평균 수행자의 차이를 구별해 주는 지식, 기술, 능력, 기타 특성 등 보다 구체적인 개념으로 발전했다(Mirabile, 1997).

역량 개념은 미국 레이건 정부의 『위기에 처한 국가(A Nation at Risk)』라는 교육 개혁 보고서에서 높은 빈도로 등장하지만, OECD의 'DeSeCo(Definition and Selection of Competence)' 프로젝트를 통해 확산됐다. DeSeCo 프로젝트와 관련한 대표적인 연구물은 『성공적인 삶과 잘 작동하는 사회를 위한 핵심 역량(Key competencies for a successful life and a well-functioning society)』(Rychen & Salganik, 2003)이다. 이 프로젝트는 지식 기반 사회의 출현과 함께 삶의 실제적 맥락에서 수행과 성취를 가능하게 하는 인간 능력에 대한 관심이 증가하면서 1998년부터 4년간 OECD를 통해 이루어진 연구다.

DeSeCo 프로젝트는 '2030 학습 나침반'으로 진화했다. 2030 학습 나침반은 역량의 요소나 행동의 측면을 별개로 나열하기보다 역량의 요소나 차원이 내적으로 구조화된 역동성에 집중하여 역량의 내적 특성들이 역동적으로 관련되고 총체적으로 가동되어 개인과 사회적 선이 조화를 이루도록 하는 접근이다. 미래 사회를 살아갈 개인이 갖추어야 할 역량의 방향을 변혁적 역량 (transformative competencies)으로 명명하고 구체적으로 새로운 가치 창조하기(creating new value), 긴장과 딜레마에 대처하기(reconciling tensions & dilemmas), 책임감 갖기(taking responsibility) 등을 제시했다. 진일보한 측면이 있지만 여전히 OECD의 역량 모델은 인간 중심적이며 자연에 대한 태도에서도 크게 진화한 것이 없다는 한계가 있다.

생태 문명의 관점에서 좀 더 논의를 전개해 보면, 지구 생태계 안에서 모든 개체는 완성된 상태로 존재하지 않으며 그 전의 활동을 끊임없이 보존하고 연장하면서 다른 개체, 상황에 그 속성을 증폭하고 전파해 간다. 이 과정에 필요한 역량이 '생성 역량(competencies of becoming)'이다. 들뢰즈(Gilles Deleuze)와 가타리(Félix Gauattari)는 모든 되기의 과정을 생성으로 보는데, 여기서 되기란 차이의 생성이다. 이는 근대가 추구해 온 동일성과 대조되는 개념이며, 동일성을 반복하는 것이 아니라 차이를 생성하는 것이다. 그들은 차이의 생성으로서 되기가 언제나 '사이'에서 발생한다고 보는데, 이는 다르게 말하면 자기 자신에 대한 경계 짓기 대신 경계

표 1 OECD DeSeCo 프로젝트에서 제시한 핵심 역량

역량 범주	핵심 역량
상호 작용적으로 도구 사용하기	언어, 상징, 텍스트를 상호 작용적으로 활용하는 능력
	지식과 정보를 상호 작용적으로 활용하는 능력
	기술을 상호 작용적으로 활용하는 능력
이질적인 집단에서 상호 작용하기	다른 사람과 관계를 잘 맺는 능력
	팀으로 일하고 협동하는 능력
	갈등을 관리하고 해결하는 능력
자율적으로 행동하기	넓은 시각에서 행동하는 능력
	인생 계획과 개인적 과제를 설정하고 실행하는 능력
	권리, 관심, 한계와 요구를 옹호하고 주장하는 능력

출처: OECD, 2005

밖에서 타자적 존재들과의 연결에 의해 가능하다는 의미다. 즉, 생태계 안에 있는 인간은 고정되고 독립된 주체가 아니라 의존적이고 연결된 존재로서 새로움을 산출하는 생성의 국면 속에서 되어 가는 존재다.

또한 인간을 포함한 자연 역시 계속되는 변화의 생성 과정에 있고, 그 과정에서 실존한다. 그러한 가운데 각 개체가 끊임없이 자신 안의 다양한 성향을 실현하는 생성은 새로운 가능성이기도 하다. 생성 역량의 이러한 특성은 인간이 지구

환경 시스템에서 상호 관계를 맺으며 만들어 가는 과정에 주목한다는 점에서 생태 문명의 복잡성과 연결된다. 이 과정에서 정동의 세 요소인 비지배의 자유, 참여, 연대라는 관계의 속성이 전면화된다. 표준화될 수 없는 복잡성의 맥락에서 인간은 혼돈, 비평형과 불안정성 등 복잡성이 나타난다는 사실과 현상 세계를 구성하는 상호 작용, 비선형, 무질서 등 불안정한 특성과 관계를 맺는다.

정리하면, 다른 존재들로 연장될 수 있고 그들의 반응에 응답할 수 있는 능력이 인간의 생성 역량이다. 휴머니즘이 자신과 다른 사람들을 비인간으로 배제하듯이, 인간/기계, 자연/문화, 유기체/무기물의 이분법을 따라 다른 존재들과 구별되는 인간 정의에 집착하면 우리는 인간의 근원적인 존재 능력, 즉 존재 역량을 상실할 것이다. 사실 지금까지 우리는 그 역량을 전혀 발휘하지 못하고 오히려 정복과 지배의 신화 속에서 다른 존재들을 파괴하고, 전용하고, 남용해 왔다.

코로나19 팬데믹으로 가속화되고 있음이 증명된 기후 변화와 생태 위기는 인간이 스스로를 휴머니즘의 산물인 인권(human rights)이나 인간 역량(human capabilities)으로 정의하기보다는 다른 존재들과 삶을 만들어 나갈 수 있는 역량, 다른 존재들의 소리에 응답할 수 있는 역량, 즉 존재 역량(capacity for existence)의 발휘를 촉구한다.

북친(Murray Bookchin)은 진화의 모체인 자연을 일차 자연으로, 누적적 진화를 통해 발전한 인간 사회를 이차 자연으로, 이차 자연이 일차 자연과의 충돌과 대립의 문제를 변증법적 지향을 통해 극복하고 상호 발전할 수 있는 상태로 나아갔을 때를 자유 자연이라고 표현한다. 여기서 자유 자연은 진화의 복잡화를 통해 자연 전체가 인격적 상태로 나아간 상태를 뜻하는데, 생태 문명이 인간의 자연화와 자연의 인간화가 변증법적으로 통합되는 것을 지향한다고 했을 때, 자유 자연의 상태는 생태 문명이 추구해야 할 비전이라고 할 수 있다.

역량이 자연 앞에 선 인간의 역량을 의미한다고 할 때, 인간 사회에서 작동하는 정치 · 경제적 지배 구조, 기술 남용, 도시 중심적 사고와 젠더 불평등 등에 관심을 가지고 억압적 체제가 사라지고 자율성과 상호 작용이 활성화된다고 해도, 인간의 자연 지배를 제어하는 것은 성장과 번영이라는 논리 앞에서 왜소화한다. 정치가 좋은 삶의 문제고, 경제가 배고픔을 해결하는 것에 대한 문제라면, 환경은 죽고 사는 문제다. 죽고 사는 문제로서 환경 문제를 해결하지 못하면 인간의 행복과 번영의 토대는 사라진다. 역량 논의가 삶의 맥락과 연결되는 유기적 배움의 특성을 도출하는 성과를 낳았지만 생성의 궁극적 원리를 자연에서 추출하는 데 이르지는 못했다. 이러한 접근은 생태 문명으로의 전환을 모색하기보다 근대 문명의 생태화로 회귀할 뿐이다.

관계적으로 발현되는 생성 역량

생성 역량의 본질은 모든 현상에 관계성과 복잡성을 담지함으로써 인간 사회와 자연의 위계 구조를 재검토하는 역량을 키우는 것이다. 생성은 존재의 본질이며, 존재의 본질을 보존하는 것은 구조와 작용 사이의 교환을 전제하기 때문이다. 또한 생성은 잇따르는 평형 상태를 통한 도약에 의해 가능하기 때문에 평등적 관계성이 전제된다. 생태 문명 안에서 모든 개체의 생성은 평등적 관계성과 자유를 추구함으로써 활성화된다. 또한 이를 통해 전체 생태계의 유기체적 생명 현상이 활성화된다.

무엇보다 생성 역량은 인간을 포함한 모든 생명체의 생성이 불확정성의 유동성과 숨은 질서의 작용으로 활성화된다는 사실을 전제한다. 불확정성과 숨은 질서는 만물을 탄생시키는 근원인 동시에 창발적 생성을 출현하게 하는 특성이다. 모든 개체와 현상, 생성은 가시적이거나 비가시적인 양상이 얽힌 상태로 생성하고 변화해 가며 복잡성과 연동된다.

생태 문명을 위한 교육을 위해 생성 역량이 중요한 이유를 자연의 모든 개체가 상호 부조의 사회성과 자발적 연대를 한다는 것에서도 찾을 수 있다. 어떤 개체든 서로 돕는 가운데 다른 무엇과 관련되며, 그러한 과정을 통해 새로운 생성으로 나아갈 수 있다. 이는 인간끼리 서로 돕는 동시에 자연과도 연대해야 한다는 사실을 의미한다. 다시 말해 자본주의로 인해 소외된 인간과 자연을 환기하는 동시에 인간 간에, 인간과 자연 간에 상호 부조하고 연대해야 복잡성이 활성화된다는 것이다.

생성 역량을 생태 문명의 원리로 삼으면 인간과 비인간과의 평등적 관계성과 자유의 지향이 활성화된다. 생성의 세계에서 자유의 지향은 자기 창조와 자기 극복의 과정을 의미한다. 인간관계에서 위계 질서로 구조화된 경제적 계급이 해체되지 않는 한, 인간을 포함한 자연이 자유로울 수 없다. 억압과 착취, 부패를 유발하는 위계 구조를 해체하여 보편적 미덕과 정의가 실현되는 사회로 나아가야 한다. 이는 모든 존재의 자유가 보장되는 사회로서 집단을 위한, 집단에 대한 사랑이 고도화된 상태를 환기한다. 즉, 복잡성이 활성화된 사회로서 평등적 관계성과 자유의 지향이 보장되는 사회를 말한다.

생태 문명으로의 전환은 인간과 사회가 생태계 속으로 통합되는 전환을 의미하기 때문에 상당한 복잡성을 동반할 수밖에 없다. 불확정성과 비평형성의 토대 위에서 배움을 지속하기 때문에 학습자는 열린 가능성 속에 놓인다. 또한 학습은 인식론과 존재론이 통합된 장에서 이루어지는 정동과 생성 역량의 발현 과정이 된다. 이 과정에서 상호 부조의 사회성과 자발적 연대가 전면화되어야 한다. 인간을 포함한 어떤 개체든 다른 개체와 상호 조응하는 가운데 생명 발현이 가능하기 때문이다.

인간 사회를 포함한 생태계는 혼돈스러우면서도 질서와 균형을 이루며 안정성과 유동성이 뒤섞인 상태를 여행한다. 인간 사회를 포함한 자연 전체에 숨은 질서가 기존의 질서에 상보적으로 작용하는 것이다. 그런데 자본주의 사회는 이윤 창출이 가능한 대상에 집중하는 특성을 가진 사고와 제도의 지배를 받는다. 자본주의가 정동을 자본화하고 포획된 정동에 따라 정치를 행하면서 다양성과 창조성을 강조하지만 궁극적으로 시장을 통한 거래, 상품을 지향한다는 점에서 다양성 감소를 야기한다. 자본주의에 기반한 근대 문명은 생태계가 단순성으로 나아가게 하는 역량을 인간이 기르도록 함으로써 궁극적으로 자신이 살아갈 삶의 토대로서 생명 현상을 파괴하는 역설적 원인으로 작동한다. 이러한 현상은 결국 약한 종이 도태되도록 하면서 사회에서 상보성과 연대로서의 복잡성을 훼손한다. 또한 인간과 인간, 인간과 비인간으로서 자연 전체에서 서로 소통하고 연대하는 특성인 상호 부조의 정신을 훼손한다.

생태계는 정적인 실체가 아니라 생성을 노정하는 복잡성 그 자체다. 즉, 생성으로서 생태계는 새로운 창조성을 실현하는 방향으로 진화해 간다. 생성 역량의 관점에서 보면, 자연으로서 인간은 변증법적 연속성과 창조적 진화를 위해 자신 안에 질적 도약의 계기를 가져야 한다. 이때 질적 도약은 모든 인간을 포함한 개체의 자유를 존중하는 상태로, 열려진 인식을 의미한다. 따라서 카오스는 무질서가 아니라 질서와 무질서의 혼재를 통한 생성이다.

인간이 생성 역량을 기르는 것은 생태계의 양적 진보를 확대하고 강화해 가는 것이 아니다. 상호 작용하면서 질적으로 생존의 조건을 안정화하는 과정으로 나아가는 지혜를 배운다는 의미다. 즉, 생태계 내 모든 생명 현상은 일회성의 생성과 소멸이 아니고, 정동과 생성에 따른 변증법적 생성 과정이기 때문에 모든 개체의 생성과 죽음은 개별적 현상이 아니라 진화의 과정이라는 것을 배우고 실천하는 역량을 기른다는 것을 의미한다.

혼종적 존재들의 생성 역량

인간 중심적 사고방식으로 존재를 보기보다는 모든 존재가 얽혀 관계하는 실재의 양상을 보다 진지하게 받아들여야 한다. '사이보그'로서 인간은 이미 다른 존재와 얽혀 존재하는 역량을 발휘하고 있다. 사이보그로서 인간은 인간이 기계로 취급받고 착취당하는 현실을 보여 주는 것을 넘어서 보다 더 근원적인 인간 현실, 즉 인간의 존재 역량을 보여 준다.

존재 역량은 인간에게만 고유한 것은 아니다. 존재란 근원적으로 다른 존재들과의 얽힘을 통해 역량을 발휘한다는 사실을, 팬데믹이 매우 부정적인 방식으로 드러냈다. 내부적으로 신진대사 기능을 갖고 있지 않은 바이러스는 유기체로 정의하기 애매한 존재다. 하지만 바이러스는 숙주 세포로 침투하여 자신의 DNA를 증식한다. 숙주 입장에서 기생적 삶을 살아가는 바이러스가 마냥 유해한 것 같아도, 이 바이러스가 개입해서 행성 전체 생명 작용의 항상성(homeostasis)을 유지한다.

동물 숙주에 기생하여 삶을 이어가던 바이러스가 숲과 야생 동물 개체 수의 급감으로 서식지를 찾지 못하자, 현재 지구상에 가장 많은 개체 수를 자랑하는 인구 집단으로 서식지를 옮기려 하는 것은 자연스러운 수순이다. 인간 문명을 위협하는 바이러스는 행성적 생명의 균형을 맞추기 위한 나름의 역할을 감당하고 있는 것이다. 이 균형을 위한 역할이 인간 중심적 문명에 치명적 위협이 된다는 것은 우리가 삶을 인간 역량이 아니라 존재 역량으로 재구성해야 하는 이유다.

그러므로 우리는 다른 모든 존재와 함께 되어 가며, 함께 세계를 만들어 가는 공동 생산의 존재다. 여기에 필요한 역량을 개념화하기 위해 우선 주체 안의 역량으로 정의된 역량을 주체 밖으로 이탈시켜야 한다. 이탈적 역량을 설명하기 위해 베넷(Jane Bennett)의 논의에 주목할 필요가 있다. 베넷은 2003년 8월14일에 발생한 미 북동부의 대규모 정전 사태를 분석하면서 들뢰즈의 개념을 빌려 전력망을 '아상블라주(assemblage)'[13]로 설명한다.

전력망은 석탄, 땀, 전자기장, 컴퓨터 프로그램, 전자 흐름, 이윤 추구의 동기, 열, 생활 스타일, 핵연료, 플라스틱, 통제에 대한 환상들, 전파 방해, 법률, 물, 경제 이론, 전선, 목재 등 다양한 행위 항이 결합된 불안정한 혼합이다. 불안정한 전력망이라는 상황을 만들어 내는 아상블라주에 통합된 행위 주체로서 인간은 행위자와 행위를 구별하는 게 의미 없는 상황에 놓인다. 오히려 인간-비인간 아상블라주에 의한 행위와 그 결과가 나타나기 때문에 역량과 행위에 대한 논의는 아상블라주를 중심에 두어야 한다.

아상블라주는 존재의 관계적, 물질적 전환이라는 거대한 흐름 속에서 제기된 개념으로 푸코의 장치(dispositif) 개념

---

13) 아상블라주란 프랑스어로 조합, 조립을 의미하며 3차원적 입체 작품의 형태를 만드는 방법이다.

과 유사하다. 따라서 아상블라주는 장치 개념처럼 탈영역화뿐만 아니라 재영역화라는 두 성향에 의해 구성되는 개념이다. 아상블라주 개념은 주체를 다양체(multiplicity)로 보며, 중첩 결정에 의한 형성 과정에 주목한다. 이렇게 되면 다양한 존재의 실질적 공존과 새로운 공간적 상상력에 개방적이게 된다. 인간과 사물을 연결하는 아상블라주는 단일 주체가 아니라 여러 주체의 연결과 혼합에 가깝다. 따라서 어떤 책임을 지우고 원인을 분석하는 지금까지의 행위 주체 모델은 이런 사태를 기술하는 데 매우 부적절하다. 물론 주체가 아닌 구조라는 틀로 분석을 시도할 수도 있지만, 구조주의나 탈구조주의에서 말하는 구조 개념은 상대적으로 주체를 상정할 때 성립될 수 있는 개념이다. 반면 아상블라주에서는 고유한 행위 주체는 없으며, 홀로 행위하거나 서로 협력하는 개인들의 행위성이 혼종적으로 존재한다.

아상블라주가 제시하는 도발적인 개념은 사물의 행위성이다. 사물의 행위성은 인간의 행위성이 사람과 사람 아닌 존재(non humanity)가 네트워크로 연결되어 함께 작동한다는 것으로, 기존의 교육학에는 부재하는 개념이다. 사물의 행위성과 행위력이 존재했다면 모든 비인간 존재는 인간과 더불어 살아가는 다른 존재들의 삶의 역량을 강화하면서, 다른 존재들의 삶을 매개하는 존재가 되고, 정치는 본래 자신이 아닌 다른 이들의 목소리를 대표하고 대변하는 역할로 구성이 되며, 인간이 다른 존재들의 목소리를 어떻게 반영할 것인지가 핵심 문제가 되었을 것이다. 그러나 라투르(Bruno Latour)의 지적처럼 인간은 인간이 아닌 것들과 인간을 분리함으로써 유기체 및 무기체를 포함한 자연 존재들의 대변인으로서 사이보그적 인간의 정치적 역할을 인식하지 못했다.

기후 변화나 팬데믹, 생태계 위기는 사물들의 행위주체성이 결집하여 문제를 가리키는 것이다. 문제를 해결하기 위해서는 이러한 구도를 그대로 두기보다 사물들의 정치적 역량을 진지하게 고려하면서 인간이 다른 존재들의 반응들을 정치적 목소리로 반영하는 대변인 역할을 해야 한다. 배제된 사람들의 목소리에 개방적인 민주주의를 설계하는 이론을 참고하여, 인간 중심적인 사유와 철학에서 배제된 사물의 목소리에 주목해야 한다. 이것을 인간의 목소리로 재연할 수는 없지만 사물과의 기호 교환을 통해 우리는 그들의 소리를 정치적으로 대변할 방법을 찾아야 한다. 인간 중심적인 사회에서는 들리지 않는 비인간 존재들의 소리에 응답하고 반응하는 능력이 생성 역량이다.

항상 경험적이고 우발적인 교육 과정

아상블라주는 관계적 방식으로 인간과 비인간의 경험을 고려할 것을 요청한다. 자연스럽게 인식론, 존재론 및 방법론을 연결한 접근을 시도한다. 이러한 관점에서 교육 과정은 교과 지식, 가치, 태도로 구분되지 않고 사실, 사물, 사람, 수사학, 제도, 프로토콜의 혼합이 된다. 따라서 교육 과정이라는 집합체 개념의 핵심은 실체가 상대적으로 특성을 얻는 항상 경험적이고 우발적인 문제라는 것을 이해하는 것이다.

실체들 사이의 관계는 합의적인 것일 뿐이다. 우리는 실체가 어떻게 상호 작용할지를 예측하거나 이론화할 수 없다. 따라서 교육 과정을 아상블라주로 이해한다는 것은 연결, 부호화, 매핑, 범주화 등의 과정을 통해 유지되는 교육 과정에 초점을 맞추는 것이다.

이러한 접근은 인간을 중심에서 벗어나게 하고 전통적인 자연과 문화의 분리에 도전하는 움직임을 옹호한다. 또한 인간에 대한 유용성 측면에서만 환경을 중시하는 뿌리 깊은 인간 중심적 관점 대신에 환경을 그 자체로 중시하는 환경 중심적 성질을 지속적으로 촉진해 왔다(Wattchow et al., 2014). 이러한 접근 방식은 사회, 정치, 경제 및 생태 시스템의 상호 연관성과 상호 의존성을 강조한다(Kyburz-Graber, 2013). 이는 의미 있는 접근이다.

아상블라주적 교육 실천은 교육학이라는 규율적 틀을 인간 활동만을 선험적으로 밀고 나가지 않고 인간 이상의 주체성을 인정하고 인간과 비인간 간 관계의 상호 영향에 주의를 기울이면서 인간보다 더 인간적인 세계에 대해 집단적으로 배우는 것이 무엇을 의미하는지 계속 열어 두는 것을 뜻한다. 급진적인 새로운 사고와 삶의 방식으로서 아상블라주적 교육 실천의 중심에는 인본주의 교육의 구조적 논리에 대한 거부가 자리 잡고 있다. 무엇보다 기존 인본주의적 전통에 따른 아동 중심 학습[14)]을 거부하고 아동의 일상적 만남, 상호 작용 및 관계에 의해 생성되는 집단 학습의 형태를 연구하는 데 초점을 맞춘다.

여기에는 학습자와 장소 사이의 관계, 학습자와 물질 사이의 관계, 학습자와 학습자 사이의 관계가 포함된다. 학습자들은 이미 인간 이상의 세계와 집단적으로 사고하고 실천

14) 인본주의 교육의 인간관은 인간(개인)을 독립적이고 능동적이며 자율적인 존재로 전제하며, 그런 까닭에 인본주의 교육은 학습자의 고유성에 초점을 맞추고 학습자 중심으로 교육과정을 구성하고 실행하는 과정을 강조한다.

하고 있다. 예를 들어, 학습자들은 자발적으로 다른 존재의 모습을 취하거나 다른 실체에 생동감과 주관성을 부여하면서 세계를 인간과 다른 실체로 나누는 경계를 넘어선다.

생성적 관계 속에서 이루어지는 앎과 존재 구성

해러웨이는 이러한 관점을 더 진전시켜 인간과 학습, 세계에 대한 공식화된 교육학의 구조적 이분법 체계에 대항한다(Haraway, 2008). 기존의 인간 중심 교육 체제가 학습자의 이성적 자율성을 발전시키는 것을 목적으로 개별화된 인간의 세계에 대한 학습을 중시해 왔지만, 학습자들은 실제 세계와 관계 맺으며 경계가 모호하고 범주가 혼란스러운 관계 속에서 살아간다.

학습자들이 주변 세상과 교류할 때 어떤 일이 일어나는지 관찰하면 공식적인 교육적 맥락 밖에서 이루어지는 학습자의 존재론적 관계에서 배울 것이 많다는 것을 알게 되며 아상블라주적 교육으로 전환하는 것이 불가능하지 않음을 알 수 있다. 학습자의 현존하는 세속적 관계들을 통해 식별 가능한 개별 인간 주체에서 벗어나 인간 범주 너머의 공통 세계에서 다른 사람들과 접촉하고 함께 되고자 하는 친밀하고 즉각적이며 내재된 충동을 확인할 수 있다. 이는 기존의 인본주의적 교육이 추구해 온 세계에 대해 알고자 하는 이성적인 탐구와는 전혀 다른 접근이다. 학습자들은 복잡한 관계망 속에서의 내부 작용에 의해 존재하며 살아가기 때문에 아상블라주적 교육 실천은 완전히 새로운 어떤 것이 아니라 단지 교육의 대상으로 존재했던 학습자들을 행위성을 가진 주체로 호명하는 과정이다.

"지식은 객체가 아니고 기억은 장소가 아니다"(Jonassen & Land, 2012:84). 앎은 상호 작용 속에서 드러나는 행동들로 표현되는 사회적 구성물이며, 그렇기 때문에 행동으로 드러나지 않는 앎이나 인지는 불가능하다. 따라서 모든 앎은 상황적이다. 이때 아는 자(knower)는 탐구되는 세계의 외부에 존재할 수 없다. 관찰자와 관찰 세계, 관찰 도구가 서로 분리 불가능하게 엮여 있기 때문이다. 따라서 앎은 아는 자로서 인간이 환경과 상호 작용하면서 드러나는 실천이 아니다. 세계의 한 부분이자 물질로서 인간이 다양하고 복잡하고 역동적인 상호 작용에 참여하는 과정에서 드러나는 것이다. 그런 점에서 앎은 우연적이고 생성적 관계 속에서 이루어지는 실천이며 동시에 존재의 구성이다.

교육이란 잘 살고 잘 죽는 것을 배우는 것이고 그것을 실천하는 경험의 장이다. 따라서 교육 현장에서는 현재 전 지구적으로 당면한 기후 위기로 인한 공포감과 무력감이 아니라 대안적 상상력을 발현해야 한다. 이를 가능하게 하는 원천은 서로 등등한 시민으로서 권리를 가진 지구 내 모든 존재와 물질의 역동적이고 생성적인 관계성이다.

반 두렌(Thom van Dooren)은 인간 예외주의와 인간 중심주의에 의한 특권 바깥에서 함께 애도하기가 응답 능력에 우선하는 본질적인 것이라고 주장한다(van Dooren, 2015; Haraway, 2016/2021:70~71에서 재인용). 다시 말해서 우리의 세계 속에서 어떤 행위적 자름에 의해 자리를 잃어 가는 관계와 존재를 함께 애도하는 것을 배울 때, 응답 능력이 배양된다는 것이다. 이와 같이 함께 애도하는 과정을 통한 응답 능력이 책임이다.

바라드는 책임을 관계적 존재로서 지속적인 되기의 과정에서 "자아와 타자, 여기와 저기, 지금과 그때가 뒤얽힌 것에 대한 감응성"(Barad, 2009; 정윤경, 2020:10에서 재인용)이라고 설명한다. 따라서 교육은 얽혀 있는 관계망 속에서 자신을 인식함으로써 현재의 내가 어떤 관계들에 의해 실존하는지를 파악하도록 해야 한다. 그러한 얽힌 관계망 속에서 다른 존재에 응답하는 능력을 갖도록 하는 실천, 곧 함께 되기로서 자신의 실재를 새롭게 인식하는 경험이 곧 배움이다. 그런 점에서 안다는 것 역시 고정적인 것이 아니라 지속적 되기의 과정이며, 행위를 통해 드러나는 현상이다.

다시 말해, 앎은 서로가 서로에게 미끄러져 들어가는 활동성과 반응성으로서 '인간과 비인간을 가로지르는 수많은 생성의 전체적, 생동적, 조절적 장'에서 이루어지는 마주침, 곧 정동을 통하지 않고는 불가능하다. 그것은 관계적 행위성이며 다름, 타자성, 차이에 대한 포용은 자기 안의 복수성을 끌어안는 조건에서만 가능하다. 모든 차이를 만드는 가능성은 정동적 힘이다(Guattari, 1979/2003). 우리가 처한 문제적 현실을 찾아내고 소통하고 그 안으로 들어가 그것들과 관계 맺는 가운데 창조적 응답 가능성을 찾아낼 수 있다. 따라서 앎은 정동적 전이, 즉 어떤 사건들을 감각하면서 횡단하는 정동을 통해 재특이화가 이루어지며, 그것을 가능하게 하는 것이 관계적 잠재성이다(Bertelson, & Murphie, 2010/2015:236~267). 그와 같은 관계적 잠재성이 정동적 차원에서 차이를 만들어 내는 경험이 곧 앎이자 배움이다.

학습자들은 자연 속에서 자라면서 동물, 자연에 점점 더 친숙해지고 애정을 가지며 야생 동물의 체화된 상태를 가까이서 관찰하고 동물과 자연의 몸에서 살고, 주의 깊게 듣는다. 사실상 그들은 실생활적, 주관적, 종 간 존재론적 관계를 전개함으로써 일종의 학습을 수행한다. 그럼에도 인간의 삶이 자연에서 분리되면서 인위적인 환경 파괴, 도시화, 삼림 벌채, 기후 변화와 생물 다양성 손실 등의 문제가 발생했으며 생태적 감수성은 점점 무뎌졌다.

변형되고 손상된 공통 세계에서 함께 사는 방법을 알아내기 위해서는 존경과 인내의 관계적 윤리가 필요하다. 해러웨이는 문제를 안고 사는 것을 윤리라고 설명한다(Haraway, 2008). 이와 같은 윤리에서 요점은 최종적이고 영웅적인 인간 주도적인 해결책을 찾는 것이 아니라 모든 종이 방법의 차이를 가지고 동거하는 법을 배우는, 더 겸손하지만 도전적인 목표를 추구하는 것이다. 이를 위해 우리가 다른 종과 영향을 주고받는 방식에 더 민감해져야 한다. 종 간 접촉 영역에서 우리의 학습을 강화하는 가장 생산적인 방법 중 하나는 불편하고 당황스러운 동거로 인해 야기되는 윤리적 딜레마에 참여하는 것이다. 그러한 윤리적 딜레마에 참여하는 과정에서 우리는 망가져 가는 지구에서 함께 살아갈 가능성을 찾을 수 있다.

인간을 자연과 분리하는 데 매우 능숙한 현대 서구 인문주의 사상의 뿌리 깊은 습관을 바꾸는 것은 끈기와 경계심, 위험을 감수할 준비를 필요로 한다. 이는 인간이 되는 것이 무엇을 의미하는지 지속적으로 질문하고, 환경 내에서 인간을 확고하게 재분배하고, 윤리 영역 내에서 환경을 재분배할 것을 요구한다(Taylor, 2017:3).

아상블라주적 교육 과정의 핵심 아이디어는 서로 연결되어 있으면서도 자율성을 갖는 관계에서 학습하는 것이며, 이는 학습자들에게 감각적이고 구체적이며 정서적인, 살아 있는 삶의 경험을 제공하는 것이다. 교육 과정의 핵심 질문으로서 '학교에서 무엇을 가르쳐야 할 것인가?'라는 질문에 자연, 인문, 사회 현상에 통합된 학습자의 삶 그 자체라고 답할 수 있다. 사실상 우리가 지식이라고 일컫는 것은 학문하는 사람들이 자연, 인문, 사회 현상을 통합적으로 체계화하고 의미 구조를 만드는 과정에서 형성된 것이다.

아상블라주적 관점에서 학문의 탐구는 통합된 자연, 인문, 사회 현상 속에서 살아가면서 인간을 넘어선 존재들의 체계화된 경험의 의미 구조를 이해하기 위한 참조 틀로 봐야 한다. 즉, 서로 구분되는 고유의 개념 체계와 그에 상응하는 방법적 요소로서 고유한 탐구와 의미 구성 방식이 있더라도 이것을 연결하고 개방하고 통합할 필요가 있다. 서로가 서로에게 반려종이 되는, 즉 서로의 삶에 참여하는 서로 함께 되기의 과정이 학교 교육의 내용이자 과정이 되어야 한다. 더불어 지식과 실제 삶의 분리에서 함께-되는 과정으로 앎과 함의 통합적 경험이 이루어지는 장소로서 의미를 가질 필요가 있다.

아상블라주적 교수 · 학습: 탈위계적 서로 얽힘

아상블라주적 교육 과정은 정서적 연결을 가능하게 하는 경험의 정서적 차원과 접촉하게 하는 것이며, 이는 곧 교육 과정을 통해 발현되는 정동을 의미한다. 학습자들은 교육 과정을 수행하는 여행에서 오래된 이야기와 새로운 이야기를 수집하고 창작하며 공감하고 말하는 사람이 된다.

전체적으로 교과로 분할된 지식, 학교로 구획된 공간을 넘어 수많은 장소와 관계를 배움의 장으로 구축하여 학교와 지역 사회, 학습자가 아상블라주를 형성하면서 새로운 방식으로 연결되도록 해야 한다. 인간을 넘어선 존재로서 서로 얽히며 실천을 촉진하는 교육 방법이 중요하다. 아상블라주적 교육 과정은 인간 이상의 요소 및 프로세스와 얽히고, 관련되는 연습을 하도록 해야 한다. 예를 들어, 프로젝트 활동의 목적은 인간으로서 어떤 문제를 해결하는 것이 아니라 사람, 장소, 다른 종, 관행을 개방적인 방식으로 연결함으로써 교육 경험이 어떻게 가능해지는지를 이해하는 것이다. 이러한 프로젝트를 위해 함께 공부하는 새로운 방식으로 시공간을 전용하는 작업이 포함되어야 한다. 시간표, 교칙, 학교생활을 탈영토화해서 학교의 안과 밖, 인간과 비인간 등 새로운 경계를 넘어 학습할 가능성을 열어야 한다. 이를 통해 정동을 다르게 환기하고 장려하여 현재, 그리고 궁극적으로 미래를 재고하게 하는 교육 과정을 수행할 수 있다.

다음으로 세상과 함께하면서 새로운 표현을 익히는 방법

을 전면화해야 한다. 우리는 세계에 거주하면서 감각, 기술, 성향에 적응함으로써 세상을 만드는 동시에 그 차이, 위치에 대해 알게 된다고 할 수 있다. 가르침과 배움은 내용 전달에만 관련된 것이 아니다. 비인간과의 관계를 포함하여 다양한 관계에 의해 구성된 존재로서 자신과 세계를 감각하는 과정에서 이루어지는 학습자의 일상적인 수행과 배움에 관심을 가져야 한다.

학습자는 배움을 수행하면서 각자가 서로에게 의존적이면서도 자유분방한 관계가 되도록 해야 한다. 이를 통해 인간은 비인간적인 힘의 세계에 몰입해 있으며 비인간적인 동물 및 다른 존재들과의 정서적 관계와 분리될 수 없음을 깨달을 수 있다. 학습자들은 이러한 교육 과정을 통해 세상 속에 모든 존재와 함께 있으며 함께 된다는 것을 배운다.

교육은 기존의 질서를 토대로 가르치는 존재와 배우는 존재가 만나는 장이다. 그렇기 때문에 교과로 대표되는 교육과정을 무시할 수는 없다. 그러나 교육과정이 포괄하는 지식이 절대 불변하는 진리가 아닐 뿐 아니라, 그것 역시 어떤 관계를 통해 드러난 특정한 행위성임을 인지할 필요가 있다. 특히 교사는 관찰자, 관찰 대상, 관찰 도구가 서로 얽혀 있다는 점을 인지하고 어떤 행위적 자름에 의해 무엇이 배제되고 무엇이 가능해졌는지를 파악해야 한다. 다시 말해서 이론과 실제, 지식과 담론을 구분하여 다룰 수 없으며, 서로 얽힌 관계망에 의한 물질로 이해해야 한다. 그렇게 할 때, 교사와 학생, 또 다른 (비)인간 존재와 사물들이 그들이 처한 문제들과 함께하면서 얽혀 있는 관계를 파악하고, 서로에 대한 응답 능력을 토대로 생성적 관계성이라는 행위성을 발현할 수 있다.

뫼비우스의 띠, 존재-인식-윤리

교육 과정은 비의도적이고 우연한 방식으로 발현된다. 예측 불가능하고 불확실한 상황에서 이루어지는 내부 작용을 통한 교육은 일종의 선물 같은 것이다(Biesta, 2012). 따라서 교육은 삶의 다양한 문제와 함께 서로 얽힘의 관계들 사이의 시공간에서 갑자기 주어지는 '뜻밖의 기쁨(serendipity)'이다.

그렇기 때문에 인간 존재를 비인간 존재와 다르게 예외적이고 우월한 존재로 여긴 결과로 발생한 근대 문명의 종식이라는 시대적 문제 상황 속에서 새로운 가능성이 될 수 있다. 따라서 근대 문명의 대안으로 제시한 생태 문명은 인간을 비인간 존재와 다르지 않은 존재로 인식하고, 더불어 절체절명의 위기 상황에서 우리가 믿을 것은 인간 존재의 역량이 아니라 (비)인간 존재들의 관계가 가진 잠재성과 역량이다.

결론적으로 존재-인식-윤리는 뫼비우스의 띠처럼 분리 불가능하며, 서로가 서로를 만드는 얽혀 있는 관계가 곧 존재이며, 관계망을 토대로 한 행위성의 발현은 곧 앎의 실천이며, 그러한 지속적인 관계 맺기의 과정으로서 서로 함께-되기(becoming-with)는 관계 맺기 없이는 불가능하며, 뒤얽힌 관계에 대한 응답은 공동 생성적(sympoiesis)으로 세계를 만들어 가는 과정이며, 그것이 곧 윤리다. 따라서 새로운 교육 패러다임은 탈 인간 중심주의적 관계가 핵심이며, 교육은 서로가 서로에게 존재론적으로 얽혀 있는 (비)인간 존재들의 관계가 가진 잠재성과 역량에 초점을 맞추는 방향으로 전환되어야 한다.

어떤 존재-인식을 토대로 행위하는지와 상관없이 우리의 존재는 삶의 수많은 관계에 의해 규정되므로, 결국 우리는 서로 함께-되기가 아니라면 아무것도 아니다.

5장
인디고 서원 이야기: 생태 문명을 위한 교육 실천

시대를 지나며 환경 교육의 내용과 양식은 변화해 왔다. 그러나 문명적 전환을 위해서는 환경 교육만이 아니라 교육 전반의 변화가 필요하다. 다만 공교육에서는 근대 패러다임을 벗어나는 교육 활동을 시도하기 쉽지 않다는 점에서 공교육 체제 바깥의 사례를 살펴보고자 한다. 청소년을 위한 인문학 서점 '인디고 서원'은 이미 오래전부터 근대 문명의 한계를 비판하고 성찰하는 책 읽기를 실천해 왔다. 인디고 서원의 사례를 통해 현재 공교육 현장에서 진행되는 생태 · 환경 교육이 생태 문명을 가능하게 하는 교육의 실천으로 이어지는 데 필요한 전제와 조건이 무엇인지 파악해 볼 수 있다.

인디고 서원은 2004년에 설립된 청소년을 위한 인문학 서점이다. '책과 청소년을 잇는 고리로 다양한 행사와 출판 활동을 통해 청소년이 자기 삶의 주인이자 영혼의 주인으로 성장할 수 있는 교육의 장'이 되고자 하는 곳이며, 도덕적 품성, 비판적 지성, 예술적 감성을 키우는 인문학 책 읽기를 지향한다. 인디고 서원에서는 매해 100여 명의 청소년(14세~19세)과 80여 명의 어린이(8세~13세)가 책을 읽고 글을 쓰며 인문학적 사유를 통해 세계의 문제에 관심을 갖고 윤리적 시민으로 성장하기 위한 교육을 받고 있다. 인디고 서원의 책 읽기 활동은 일상의 즐거움과 세상의 아픔을 함께 느끼며 지금 옳다고 생각하는 바를 실천하는 것을 목표로 하며, 이에 따라 오늘날 일어나는 세계의 일에 관한 우리의 책임을 생각할 기회를 제공한다.

생태, 환경에 대해서도 단순히 정보적인 차원에서 환경 문제가 있다고 여기기보다는 문제의 근원이 무엇이고 누가 고통을 받고 있는지, 이 문제를 해결하고자 하는 전 세계적 움직임이 무엇인지 함께 고찰하며, 고전부터 가장 최근에 일어나는 정책 변화까지 함께 살핀다. 2020~2022년에 인디고 서원에서 청소년들과 함께 읽은 생태 환경 관련 도서는 40여 권이 넘는다. 구체적인 기후 환경 문제를 다룬 책뿐만 아니라 『월든』과 같은 고전을 비롯한 인문학 서적 등 다양한 영역의 책을 읽고 기후 환경의 문제를 다룬다. 여기서는 인디고 서원에서 진행한 인문학 교육 과정을 통해 청소년이 자기 자신을 이해하고 사회 문제를 고찰한 결과를 토대로 발행하는 청소년 인문 교양지 ≪인디고잉≫에 실린 글을 중심으로 생태 문명 인식과 관련 경험을 살펴본다.

일상에서 관계 속 인간을 발견하기

1755년 11월 포르투갈 리스본에서 대지진이 일어났다. 그 강도가 정확한 수치로 남아 있지 않지만, 6만여 명이 사망한 대참사였다. 모든 것에 신의 뜻이 있다고 믿었던 당대 철학자들은 신의 존재를 의심하기 시작했다. 죄 없는 사람들이 속수무책으로 죽는 것을 신의 뜻이라고 여기기 어려웠던 것이다. 프랑스 사상가 볼테르는 〈리스본 대지진에 관한 시〉를 쓰며 "리스본은 폐허가 되었는데, 여기 파리에서 우리는 춤을 추네"라고 말했다. 한쪽에서는 사람들이 비참하게 목숨을 잃고 있는데, 어떻게 자신은 안락하고 풍요로운 삶을 영위할 수 있는지 질문한 것이다. 볼테르는 극명하게 대비되는 인간 운명 앞에서 '나'의 책임을 물었다. 볼테르뿐만 아니라 대지진과 그로 인한 비극은 세상에 대한 유럽인의 시각을 근본적으로 뒤흔들었고, 신에서 인간에게로 인식이 전환된다. 리스본을 근대성 탄생의 상징으로 보는 이유다.

현재 인간이 마주한 현실 역시 리스본 대지진과 같은 대

재난 상황이다. 다양한 형태의 재난 앞에서 속수무책이지만, 3세기 전의 일보다 더 충격적인 것은 거의 모든 상황을 인간 스스로 초래했다는 사실이다. 리스본 대지진은 신이 없음을 깨닫게 했다면, 오늘날의 전 지구적 환경 문제는 인간이 신이 아니었음을 깨닫게 한다. 인간은 자연과의 관계에 절대적으로 종속적이며, 그 관계에 대한 인식 없이는 그 어떤 선택도 자유롭게 할 수 없다는 세계관을 받아들여야 할 시점이다. 계몽적 시각이 지진 피해자들을 신의 심판을 받은 죄인으로 여기지 않을 수 있도록 하고 참사에 윤리적 책임감을 느끼는 인간 존재를 가능하게 했듯이, 생태 문명적 세계관으로의 전환을 통해 새로운 '인간'이 되어야 한다. 즉, "단일 유기체의 일부"(Giordano, 2020/2020:39)라는 것과 "모든 것과의 분리 불가능성"(김홍중, 2020:228)을 깨달아야 한다.

인간 중심적 문명은 자연을 인간의 편리를 위한 도구로 인식해 왔다. 이러한 현실에서 어떻게 인식론적, 존재론적 변화를 만들 수 있는가? 교육 과정을 통해 유기적 존재로서 '인간'을 경험하게 하는 것이 필요하다. 생명은 (인간) 공동체의 확장으로 생각하지 않아도 이미 인간이 속해 있는 하나의 세계다. 이러한 의미에서 생명 공동체는 인간이 설정하고 규정지을 수 없으며 우리의 삶을 구성하고 있는 존재 그 자체임을 인식해야 한다(이윤영, 2010:341). 이는 존 란다우

(John Landau)가 말한 '심오한 경험'을 통해 가능하다. '심오한 경험'은 신의 계시나 구원의 경험과 같은 특별한 일이 아닌, '일상의 즐거움'이다. 란다우의 표현에 따르면, "나무를 끌어안고, 아름다운 일몰을 보며 뛰어오르고, 멋진 언덕을 오르고, 우리 주위의 모든 것에 경외감을 느끼는 것"(Zerzan, 2005/2009)이다.

학생들에게 자연의 아름다움을 보여 주거나 그 가치를 연구한 사람의 이야기를 들려준 후 볼테르의 문장과 생태계에서 일어나는 문제를 연결해 글을 쓰는 시간을 주었다.

밀림은 우리에게 정말 많은 것을 제공해 줍니다. 지구의 허파로서 산소를 공급하고 동시에 이산화탄소를 흡수하며, 그곳을 삶의 터전으로 삼는 수많은 동식물은 의학과 과학의 발전에 크게 도움을 주었습니다. 또한 나무는 집과 목재 가구를 제공할 뿐만 아니라 일터까지 제공해 주었습니다. 하지만 벌목은 어떤 존재에게는 집을 빼앗아 가는 행위이기도 합니다. 나무에서 살아가는 코알라, 여러 벌레, 새, 다른 작은 동물들은 하루가 다르게 사라져 가는 밀림 속에서 삶의 터전을 잃어 가고 있습니다. '집을 잃은 코알라' 같은 제목의 뉴스들이 올라오고, 벌목하려는 사람들을 대상으로 밀림을 지키려 하는 새와 동물을 주제로 한 영화가 등장합니다. 하지만 여전히 벌목은 멈춰지지 않고 있습니다. (중략) 저는 사람들이 나무를 베어서 먹고 살아가지 않아도 되는 세계를 선호합니다. 그래서 그 일을 하지 않더라도 사람들이 다른 생명과 함께 살아갈 수 있기를 선호합니다. 우리 사람들이 나무를 더 아끼고 더 심고 가꾸어 가길 바랍니다(인디고서원, 2018:122)

아침에 일어나면 가장 먼저 머리를 감고 세수를 합니다. 세수를 끝내곤 토너와 로션을 바릅니다. 아침을 먹고, 양치하고, 햇빛 알레르기가 있기 때문에 선크림 역시도 잊지 않습니다. 마지막으로 우리 집 강아지 보리에게 뽀뽀를 하고 나서야 저는 집을 나섭니다. 그저 등교만 하는데도 여러 화장품이 사용됩니다. 특별한 날이거나 다른 이유가 있으면 그 수는 점점 늘어납니다. 그 덕에 우리는 청결을 유지하고, 자신을 가꿀 수 있습니다. 그러나 우리가 쓰는 대다수 화장품은 '동물 실험'을 통해 안전성을 검사한 제품입니다. 머릿속에 비글 한 마리를 그려 봅니다. 하얀 털 위에 초콜릿을 부은 듯 갈색 무늬가 있는, 깊고 반짝이는 눈을 가진 비글입니다. 이 비글은 실험대 위에 앉아 있습니다. 하얗게 가운을 입은 사람이 비글에게 다가가 샴푸를 붓습니다. 비글은 눈을 감지도 못한 채 샴푸를 맞고 있습니다. 실험은 비글의 눈이 멀 때까지 고통스럽게 계속됩니다. 이러한 실험은 전 세계 80% 국가에서 허용되고 있으며 화장품 연구와 관련해서만 해도 매년 50만 마리가량 희생됩니다. (중략) 지금 이 글을 쓰는 동안 우리 집 강아지 보리는 제 동생과 장난감으로 놀고 있습니다. 보리는 매일 충분한 양의 사료와 깨끗한 물을 공급받고 잘 수 있는 부드러운 쿠션을 가지고 있습니다. 식구들이 돌아오면 달려들어 뽀뽀하고 저녁이면 같이 산책을 합니다. 실험실의 강아지들은 겨우 몇 걸음 걸을 수 있는 차가운 철장에서 끝없이 실험을 기다립니다. 저는 실험실의 강아지들 역시도, 강아지뿐만이 아닌 실험실의 모든 동물이 사랑받고 자유로이 뛰놀 수 있길 바랍니다. 그렇기에 저는 동물 실험을 한 화장품을 쓰지 않는 것을 선호합니다. 동물 실험을 하지 않는 세계를 선호합니다(인디고서원, 2018:121).

바다에 쓰레기가 쌓일수록 사람들도 힘들지만, 원래 깨끗했던 그곳을 서식지로 삼아 살던 동물들은 더 큰 피해를 보게 됩니다. 예를 들어, 앨버트로스라는 새를 소개해 드리겠습니다. 앨버트로스는 이 세상에서 날 수 있는 새 중에서 가장 큰 새이자, 한 번에 가장 멀리 날 수 있는 새입니다. 거대한 날개 덕분에 거친 폭풍을 가르며 수천 킬로를 날갯짓 한 번 하지 않고도 날아갈 수 있다고 합니다. 그런데 이렇게 강인한 새가 지금 지구상 어디에선가 떼죽음을 당하고 있습니다. 바로 사람이 버린 쓰레기 때문에요. 죽은 새의 배를 갈라 본 결과 뱃속은 새들이 먹어야 할 먹이들이 아닌 각종 플라스틱 제품과 작은 조각들로 가득 차 있었다고 합니다. 사람들이 쓰고 버린 물건들이 새들의 입으로 들어간 것입니다. 둥지 안의 어린 새들에게도 쓰레기를 먹였다고 합니다. 그저 알록달록한 먹잇감인 줄 알았나 봅니다. 문명의 발달은 인류에게 많은 편리와 도움을 안겨다 주었지만, 생태계에 가져다주는 영향은 너무나 무서운 것 같습니다. 바다가 오염되는 이유는 여러 가지가 있지만, 특히나 어업 도중에 몰래 버리는 쓰레기, 그리고 나라와 나라를 오가는 여객선에 의한 것도 많이 알려지고 있습니다. 또 배에서 모인 쓰레기를 처리하는 비용을 아끼기 위해 바다에 버리기 때문입니다. 이대로 가다가 바다뿐만 아니라 지구 전체가 쓰레기 더미로 덮이는 것은 아닐지 무섭습니다. 인간의 이기심, 욕심을 통해 이렇게 무서운 일을 벌이고 있습니다. 우리는 이러한 지구를 미래 세대에 물려줄 수 있을지 고민해 봐야 할 것 같습니다. 저는 바다를 오염시키지 않는 것을 선호합니다.

바다를 오염시키지 않기 위해 무엇을 해야 할지 고민하겠습니다(인디고서원, 2018:120).

학생들은 자연을 이용 대상으로 여기는 '인간'의 상황을 정확히 파악했고, 그것이 얼마나 무책임한 결과를 초래했는지 스스로 깨달았다. 단순히 그 사실이 충격적이고 죄책감을 느낀다고 표현하기보다 어려운 상황에 놓여 있는 다른 생명의 고통에 공감하고 상상했다. 벌목을 하면 숲이 사라지고 그 속에서 살아가는 생물들이 고통받고 있다는 설명에는 공감하지 못하다가, 인간에게 꼭 필요한 집을 짓는 과정에서 다른 존재의 집을 빼앗고 있음을 깨달으면서 대안이 시급하다는 사실을 생각했다.

실제로 글을 쓴 학생은 벌목을 한 후 새로운 나무 한두 그루를 심는다는 방침을 가진 회사를 조사해 오기도 했는데, 그것 역시도 단순히 그루 수를 채울 뿐, 생명의 터전을 지키는 데는 적합하지 않은 것이라 '인간의 벌목량이 적당한지', '재개발 등을 계획할 때 목재 사용을 고려하는지'에 관한 토론으로까지 이어졌다. 동물 실험과 플라스틱 사용에 대한 글 역시 단순 사실에 머물지 않고 서사로 상황을 받아들이며, 다른 생명들과 연결된 '나'에 대해 생각하고 있다는 사실을 알 수 있다.

사실 자연의 소리라는 것은 새들이 우는 소리나 비가 풀잎에 떨어지는 소리 정도를 생각하였기 때문에 도시에서 살아가는 제가 자연의 소리를 느끼는 것은 어려운 일이었습니다. (중략) 일주일간 자연의 소리를 느끼려고 노력한 끝에 깨달은 것이 있습니다. 지금은 집중해서 듣지 않으면 자연의 소리를 느끼기 어렵습니다. 환경이 처한 상황도 마찬가지입니다. 작은 동물의 소리, 환경이 망가져 가는 소리 등을 집중해서 들으려 노력하지 않으면 우리는 이 소중한 것들을 다 놓쳐 버리게 될 것입니다(인디고서원, 2021:19).

자연에서의 경험이 많지 않은 학생들에게 자연을 사랑하고 아껴야 한다는 명제는 전혀 와닿지 않는다. 그 사실을 깨달은 청소년들은 자신의 노력만으로는 이 간극을 뛰어넘기 어렵다는 것 역시 알게 된다. 하지만 그 간극을 인식하고, 뛰어넘고자 하는 노력이 중요한 첫걸음이다.

우리는 '자연' 속에서 세계를 경험하고 삶을 이어 나가며 '일상 문화'를 발전시킨다. 이러한 일상은 나와 가족, 집단, 공동체를 형성하게 했으며, 이를 달리 표현하면 자신의 자유를 확장해 온 것이다. 그렇기 때문에 자연을 기술적 도구로 전락시켜 버린 근대 문명의 무자비함은 단순히 자연 파괴 행동에 그치지 않는다. 그로 인해 그 속에서 실현되는 인간의 삶, '체험된 세계' 속에서 발전하는 '일상 문화', 그를 통해 느끼는 '심오한 경험', 인간의 자유와 본질적 삶 자체를 파괴한다. 그러므로 자연을 인간 삶의 토대, 즉 인간이 경험을 통해 획득하는 세계의 원천으로 새롭게 이해하는 것이 중요하다. 이러한 이해를 바탕으로 새로운 세상과 사회를 구축해야 한다. 이는 지금의 문명을 다 갈아엎고 원시 시대로 돌아가자는 이야기가 아니다. 다만 우리가 어떤 존재인지, 이 자연 속에서 어디에 발을 딛고 있는지를 살핌으로써 본모습을 찾아야 한다는 것이다. 이를 통해 기계처럼 짜인 체계와 체제 속에 매몰되었던 개인의 삶을 빼내어 '체험된 세계' 속의 '심오한 경험'으로 가능한 본질적 삶을 회복할 수 있다.

생태적 삶의 기술과 태도를 기르기

다른 생명체들이 모두 그러하듯이 인간 또한 자연 내에서 살아남는 방식에 특이성이 있다. 생태 문명으로의 전환은 신비주의적으로 자연 내 인간 위치의 역사를 모두 단절하는 것이 아니어야 한다. 인간을 단독으로 자연 세계에서 제외하거나 병적인 존재로 상정하는 일은 보편적으로 실천 가능하지 않다. 즉, 생태 문명으로의 전환은 인간 사회 전체를 부정하고 자연으로 돌아가는 것이라는 식의 결론을 내리면 안 된다. 개인의 실천이나 자연을 보호하는 차원에서 그치는 수준 역시 아니어야 한다. 생태 문명으로의 전환은 사회를 관통하는 가치관의 변화와 삶의 기술 차원으로 나아가야 한다. 단순한 실천이 아니라 삶의 기술과 태도를 가르치는 교육은 무엇일까?

고르즈(André Gorz)는 생명과 자연의 중요함을 외치는 목소리가 지금처럼 인간의 목숨을 위협하는 상황이 발생하기 훨씬 전부터 존재해 왔음에 주목하라고 말한다. 이러한 목소리는 본연의 생명과 가장 자연스러운 모습을 영위할 수 없게 하는 파괴에 저항하여 언제나 존재했다는 것이다. 그렇기에 우리 주변에서 일어나는 많은 생태주의 운동과 환경 보호 운동까지도 '직관적 이해와 실천-감각적 포착으로 접근할 수 있는 세계'를 지키기 위한 것이다. 인간의 본성에 가장 충실하고자 하는 노력들을 결과가 아니라 과정으로 체험하도록 하는 것은 직관적으로 생명 공동체의 일원으로서 인간을 인식하는 데 도움이 된다.

인간 본성에 충실하다는 것은 무엇인가? 직관적으로 느껴지는 생명에 대한 연민과 공감의 감각을 솔직하게 드러내는 것이다. 학생들에게 일상에서 느낀 체험을 이야기해 보라고 하면 대다수 학생들이 이미 경험한 바를 이야기한다. 하지만 이 이야기를 다른 사람과 나누었냐고 물으면 너무 감성적인 사람으로 보이거나 착한 척하는 것처럼 보일까 봐 그렇게 하지 못했다고 말한다. 그런 이야기를 하는 문화가 아니라는 것이다.

> 바다는 제게 시원하고 큰, 사람이 많은 놀이터 같은 곳입니다. 낮에 보는 바다는 반짝이고 아름답고 시원하고 밤바다는 검고 울렁이는 것이 왠지 나를 우울하게 만들기도 하죠. 밖에서 봐도 바닷속까지 훤히 들여다보이는 맑은 에메랄드 색깔 바다를 좋아하는 저로서는 집 근처 바닷가가 가끔 더러워지는 날이면 기분이 안 좋아지곤 합니다. 온갖 음식물 쓰레기부터 낚시 용품까지. 방파제에 가면 깨끗한 바다보단 더러운 바다를 보는 일이 더 흔해졌습니다. (중략) 문득, 이런 기억을 잃는 것이 끔찍하다는 생각을 했습니다. 저보다 더 어린 세대들이 바다가 원래 저렇게 악취 나고 더러운 곳이라 여기면 어쩌죠? 바다의 원래 모습을 기억 못 한다면 결코 제가 좋아하던 바다, 생명이 넘치던 바다는 다시는 돌아올 수 없을지도 모릅니다(인디고서원, 2013:94).

얼마 전, 학교 바로 앞 도로에 고양이 한 마리가 머리가 차에 밟혀 죽어 있는 모습을 본 적 있습니다. 초등학교에 다니는 아이들은 울기도 했고, 중학교에 다니는 아이들은 그 고양이의 사진을 찍고 불쌍해할 뿐이었습니다. 그 고양이는 무언가로 쌓여 공무 수행 차량에 의해 어딘가로 향했습니다. 아마 어딘가에 버려졌을 것 입니다. 학생들은 고양이를 불쌍하다고 생각하며 슬픔을 느꼈습니다. 크리스 조던 선생님께서 말씀하시길 슬플 때 비로소 사랑을 느낄 수 있다고 합니다. 학생들은 분명 사랑을 느꼈습니다. 하지만 문제를 해결하지 못했기 때문에 마음은 여전히 불편합니다. 분명 찾아보면 그 사랑의 마음을 유지할 수 있다는 해결책이 있을 테지만, 우리는 그 해결책을 찾지 못하고 답답함만 느낄 뿐입니다(인디고서원, 2018:155).

두 학생의 글에서 주목할 점은 자신이 경험한 바에서 근본적인 문제의 원인을 찾는다는 점이다. 두 학생은 자신의 경험에 비추어 문제를 깊이 고찰한다. 내가 좋아하는 바다가 아예 그 모습을 잃는다는 게 뜻하는 바가 무엇인지, 길고양이의 죽음에 가슴 아파하는 많은 사람의 마음이 도대체 무엇이고 그것을 해소할 방법이 무엇인지 생각한다.

단순히 바다를 더럽히지 말자거나 길고양이를 위한 정

책을 만들자는 말을 하는 것이 환경 교육의 결과라고 생각하는 경우가 있다. 하지만 성급한 해결책을 제시하는 일은 인간 중심적 사고관에 갇히게 하거나 오히려 해결책을 찾기 어려워 그 문제를 외면하거나 책임질 수 없는 거대한 문제로 여기게 하는 경향이 있다.

플라스틱 문제도 마찬가지다. 단순히 플라스틱 빨대를 종이 빨대로 바꾼다거나 썩는 비닐을 개발하는 아이디어 정도로 마무리한다면, 이는 또 다른 문제로 이어질 수밖에 없다. 대량 생산을 하는 이유, 사용하고 처리하지 못할 만큼의 생산이 허용되는 이유, 썩지도 않는 플라스틱을 일회용품으로 만들 수 있었던 근본적인 시야의 결손 등을 생각할 기회를 학생들에게 주어야 한다. 그렇게 했을 때, 사고 싶은 것을 사지 않는 선택을 하거나 좀 더 친환경적인 것을 선택하는 정도의 실천에 그치지 않고, 현재 우리 사회를 구성하는 생산과 소비의 구조 자체에 질문하게 될 것이다. 즉, 대량 생산과 소비를 부추기는 자본주의 체제 자체의 문제나 쓰레기가 없는 삶이 불가능해진 근대 문명에 대한 질문이 가능해진다.

> 우리는 문제를 발견하면 일시적인 대안을 찾기 바쁘다. 문제를 해결하는 것보다 대안을 찾는 것이 더 빠르고, 더 편하니까. 하지만 우리는 무엇을 놓치고 있는가? 앞의 일

> 은 보지 못한 채로 너무 대안에만 의지해 왔던 것이 아닐까? 그 대안이 대안을 세우게 만든 문제점만큼, 혹은 더 큰 문제를 초래한다는 사실을 외면하지 않아야 한다. (중략) 언제까지나 이런 반복에서 새로운 고통이 생겨나는 것을 지켜만 보고 있을 수는 없다. 귀찮다는 이유로, 더 불편해질 것이라는 이유로 언제까지 미루고만 있을 시간이 없다. 무엇이 잘못되었는가? 이 잘못된 상황 속에서 우리는 무엇을 우선시하고 무엇을 배제하고 있는가? 나는 그 답을 확실하게 알고 있다. 지금 이 순간 필요한 것은 고통을 외면하지 않는 마음이며, 잘못되었다는 것을 인지하고 바꾸려고 하는 아주 강력한 의지다. 오직 그 의지와 마음만이 우리가 직면한 문제를 해결할 진짜 해답이 되어 줄 것이다(인디고서원, 2020:135).

학생들 역시 이 세계에서 살아가는 일원이다. 하지만 세계에서 일어나는 일이 왜 일어났는지, 나와 어떤 연결 고리가 있는지, 어떤 방식으로 책임을 질 수 있는지 생각할 기회가 없어서 무관심해진다. 무관심은 자신이 습득한 지식과 정보를 무의미하게 만든다. 정보와 지식이라는 것은 쓰임새가 있을 때 빛을 발하기 때문이다. 학생들이 단지 시험에서 점수를 받기 위한 공부를 할 때, 그것은 오직 시험에만 유용한 것이 된다는 것을 우리는 이미 알고 있다.

생태 문명으로의 전환은 이 세계에서 일어나는 일을 직시하고, 그것을 해석하고 이해하는 다른 사람들의 생각을 접하고 함께 토론하며 생각을 공유할 때 비로소 가능하다. 인디고 서원에서 활동하는 학생들이 사회 문제에 대단히 관심이 많거나 특별히 책 읽기를 좋아하는 것은 아니다. 책을 읽을 시간, 영화와 음악을 통해 세계를 만날 통로, 작가와의 만남, 글을 쓰고 토론하는 기회만 주면 삶과 세계를 연결해 생각할 수 있게 된다. 무엇이 문제인지 그 근원에 대한 고민이 가능해질 때, '어떻게 살 것인가'라는 삶의 자세와 태도를 결정할 힘이 생긴다.

지속 가능한 삶을 위한 새로운 이야기를 찾기

주류 미디어에서 보여 주는 위기만 보면 우리는 아무것도 할 수 없다. 그러나 절망의 고리를 끊을 수 있는 것은 공포심이 아니라 새로운 세상을 향해 나아가려는 낙관이다. 이 위기가 부디 늦게 오기를 기도만 하는 나약한 사람이 되지 않기 위해서는 새로운 이야기(storytelling)가 필요하다.

독일 철학자 쇼펜하우어는 어린 시절과 청소년기에 보고

느끼는 것들은 부지불식간에 지식을 습득하고 경험하는 방식, 사물을 분류하는 기준에 영향을 미치며 이는 세계관의 기초가 되고 이후로 생각이 계속 발전하고 완성되지만 본질적으로는 변하지 않는다고 말했다. 결국 어린 시절에 보고 듣고 겪은 것이 한 인간이 세상을 바라보는 시선을 결정짓고, 그 시선들이 모여 하나의 세계가 된다. 무엇이 인간을 인간답게 하는지 탐구하는 내면의 질문 없이 오직 물질적인 것으로 서로를 구분 짓고 낙인찍는 세계에서 인간이 설 자리는 없다.

새로운 문명으로의 전환을 위해 교육이 할 수 있는 가장 큰 역할은 바로 새로운 이야기를 창조하고 일상에 스며들도록 하는 것이다. 이야기는 어떤 힘이 있을까? 뉴질랜드 토착민의 '기원에 대한 전설'에는 생태 문명으로 전환할 가능성을 찾을 수 있는 지점이 있다(윤한결 · 이윤영, 2010). 그들은 하늘이 아버지고 땅이 어머니인데, 여덟 명의 자식을 낳아 그 둘의 몸 사이에 키우는 것으로 자신들의 세계가 시작했다고 생각한다. 부모의 몸 사이에 갇힌 아이들 중 가장 힘센 녀석인 '타네 마후타'가 부모 사이를 갈라놓았다. 나머지 일곱 명의 형제들은 바다와 바람을 주관하고 음식을 경작하고, 환태평양 지역의 화산과 지진을 관장하고, 삶과 죽음을 다스리는 등 각각의 역할을 부여받았다.

중요한 것은 각각의 영역에 속한 모든 것은 그 사이에 계보학적 연결망을 가지고 있다는 점이다. 예를 들면 바다에 있는 모든 것은 바다를 주관하는 '탕가로아'와 혈연관계다. 그러므로 모든 생명은 하나의 가족이다. 인간에게 자연에 대한 지배권을 부여한 성경의 비유와는 완전히 다르다.

이야기가 세계를 변화시킬 수 있을까? 가능하다. 아주 작은 사례라고 할 수 있지만 일본의 시민운동 사례 역시 주목할 만하다. 1991년 일본에서 토토로의 숲을 지키기 위한 대대적인 시민운동이 일어났다. 1980년대 개발 광풍으로 숲이 사라질 위기에 처하자, 숲을 지키기 위해 시민들이 토토로가 살고 있는 숲을 지키자고 목소리를 낸 것이다(이윤영, 2021.3.30). 1988년에 개봉해 많은 사랑을 받은 애니메이션 〈이웃집 토토로〉의 주인공인 도토리나무 정령 토토로 말이다. 토토로를 진심으로 사랑했던 어린이들은 숲이 사라지면 토토로가 위험해진다고 생각했고, 일본 각지에서 토토로가 사는 숲을 지켜 달라는 어린이들의 편지가 쏟아졌다. 이는 한 평 땅 사기 운동으로 이어져 당시 1억 엔이 모금되었고, 다행히 사야마 숲은 그 모습 그대로 보존될 수 있었다.

토토로의 숲을 지켜 낸 것 역시 이야기의 힘이다. 인간이 마음대로 개발해도 되고 돈을 버는 수단으로 이용해도 되는 것으로 숲을 보는 것이 아니라 도토리를 좋아하는 정령이 사는 곳, 하늘을 자유롭게 날아다니며 세상을 신나는 곳으로 만들어 줄 정령이 어린이들을 기다리는 곳으로 숲을 보게 하는 힘이 바로 이야기다(이윤영, 2021.3.30).

현재 세계는 생태 문명 세계가 아니다. 인간 중심의 사고관이 가득하며 자연 그대로의 모습을 체험하기 어렵다. 그러나 아직 보지 못했고 가닿지 못한 세계가 지금도 있다. 우리에게 필요한 것은 상상력이고, 그 상상력을 실현 가능하게 해 주는 것이 교육이다.

> 코로나19로 인해 발생한 모든 위기는 완전히 새로운 세상을 만드는 또 다른 기회일지도 모릅니다. 불편하고, 새롭고, 적응하기 어려웠지만 분명 이것은 새로운 세상을 만들 수 있는 기회입니다. 상상해 볼 수 있습니다. 코로나19로 온라인 수업을 하면서 선생님이 말씀하시고 학생은 듣기만 하는 일방적인 수업이 얼마나 재미없는 것인지 발견했다면, 궁금한 것을 서로 질문하고 소통하며 수업하는 그런 활기찬 수업으로 변하는 모습을 상상해 봅니다. 또 상상해 볼 수 있습니다. 인간이 이동을 최소화하고 자연을 보호하면서 새로운 영역을 구축해 나가는 모습을 말이죠. 우리가 이토록 연결되어 있다는 사실을 깨닫고 서로

더 좋은 영향을 주기 위해 어떤 변화가 개인과 국가 단위, 세계적 차원에서 필요한지 함께 논의할 절호의 기회일 수 있습니다. (중략) 정답을 정해 놓고 그것에 끼워 맞추기만을 요구하는 사회에서 우리에게 가장 필요한 것은 지속 가능한 미래를 위한 상상력입니다. 새로운 가능성에 대해 상상하기 시작한 순간, 그리고 그 상상이 실현되는 순간, 어느새 우리는 지금 이 현실을 바꿀 수 있다는 용기를 얻을 수 있습니다(인디고서원, 2020:6).

마르케스(Gabriel Márquez)는 "심장 이식부터 베토벤 사중주에 이르기까지 이 세상의 사물들은 현실로 드러나기 전에 창작자의 마음속에 있었다는 사실을 기억"(Márquez, 2016:133)하라고 말했다. 이 세상 모든 산물은 인간의 마음에서 비롯되었다. 지금 눈앞의 파괴된 자연 역시 인간의 산물이라고 한다면, 이것을 되살려 내는 이야기를 새롭게 쓰는 것이 생태 문명으로 전환하는 방법이다.

기후 정의 활동가로 유명한 툰베리에 대한 외신 중에 "스웨덴의 환경 교육이 그레타 툰베리 세대를 만들었다"(Watts, 2020), "스웨덴의 사회적 산물로서 그레타 툰베리"(Beltrame-Linné, 2019)라는 기사들이 있다. 1970년대 이후 스웨덴의 환경 교육은 '녹색 혁명 전사(green revolutionary)'를 양성을 목표로 했고, 그 교육을 받은 세대는 생태적 가치를 우선시하는 사회를 만들 수 있었다. 그 결과, 툰베리뿐만 아니라 스웨덴의 많은 청소년은 기후 위기를 반드시 해결해야 할 심각한 문제로 여겼고, 그들의 목소리에 사회 전체가 동의하고 함께할 준비가 되어 있었다.

스웨덴은 1970년대 오일 쇼크 이후 '석유 없는 나라'를 지향해 왔고, 재생 가능한 에너지 외에 녹색 가치를 최우선으로 여기는 세대를 양성하기 위한 교육을 실시했다. 툰베리와 같은 세대 청소년들은 정부가 목표한 '녹색 혁명 전사' 이상의 가치관을 갖게 되었다. 단순히 살아남기 위한 전략으로서 녹색이 아니라, '정의'의 차원에서 녹색을 이야기하고 동시에 반드시 지금 이 순간 실천해야 한다고 강력히 요구한다.

러시아 대문호 톨스토이가 작품에서 끊임없이 권선징악과 인과응보를 이야기한 것 역시 현실이 그렇지 아니하더라도 적어도 이야기 속에서는 지켜져야 할 정의가 있기 때문이었다(이윤영, 2021.3.30). 그러므로 위기의 시대, 우리가 할 수 있는 일은 새로운 세계를 상상하는 일이다. "단순하게 만들려는 목소리에 반대"하고 "정신적 약탈자들의 말을 믿지 않게 하는 힘"(Sontag, 2003/2007:206)이 필요하다. 인간이 모든 존재보다 우월하다는 정신적 약탈자의 말에 황폐해지지 않도록, 다양하고 입체적인 우리 삶의 구체성을 바라보게 하는 이야기를 통해 정의로운 선택을 하는 것, 그것이 '지속 가능성'으로서 생태 문명이다.

근대 문명에 대한 문제의식을 토대로 함께 읽고, 쓰고, 나누는 방식으로 공부하는 인디고 서원의 청소년들은 근대 문명 하에서 인간이 자연을 이용 대상으로 삼아 왔다는 점을 반성하고 다른 존재에 대한 공감을 보였다. 또한 생태 환경 문제를 해결하고자 할 때 인간 중심적 접근을 경계하고, 보다 근원적인 부분부터 해결하고자 사회 · 경제구조에 질문을 던지기도 했다. 그것은 세계 속에서 세계와 연결된 존재로 자신을 인식하는 것이며, 그러한 존재 인식으로부터 어떻게 살 것인가에 대한 삶의 관점과 철학을 고민하는 것이다.

인디고 서원 청소년들은 현재 세계가 생태 문명의 세계가 아니기 때문에 그 세계를 알 수는 없지만 아직 가닿지 못한 세계를 적극적으로 상상하고 새로운 이야기를 만들어 가려는 용기를 보였다. 생태 문명을 추상적이고 먼 미래의 것으로 상정하지 않고 현재 삶의 구체성으로 발현될 수 있도록 적극적으로 상상하고 그것을 함께 이야기함으로써 새로운 가능성을 열 수 있다.

6장
서로 함께 세계 만들기: 새로 그리는 교육 지형도

지구 생태계는 물리적 세계의 유한성과 한계를 계속적으로 보여 주고 있다. 플라스틱 쓰레기와 지구 온난화로 녹아내리는 빙하로 인해 지구에서 생명의 자리가 점점 줄어들고 있다. 전 지구적 위기 속에서 사회적 약자를 중심으로 자리를 잃고 있다. 현재는 주로 사회적 약자가 생존의 위협을 받고 있으나 모든 존재가 서로 얽혀 있는 관계로 실재한다는 점에서 결국 지구 생태계 내 모든 존재의 자리가 위협받을 것이다. 따라서 존재의 양식이자 앎의 실천으로 공동 생성적으로 삶을 전환하는 것이 공멸이라는 결과를 맞이하지 않을 수 있는 유일한 길이다.

김지혜(2021:55)는 쓰레기가 단지 버리는 행위의 결과가 아니라고 주장한다. 모든 존재에 관계가 선행한다는 행위적 실재론의 입장에서 보면 버림이라는 행위 역시 우리의 일부

였던 것을 타자에게 전달하는 관계를 통해서만 가능하기 때문이다. 따라서 우리와 관계했던 모든 물질에는 관계가 새겨져 있으며 그 자체가 소멸될 수는 없다. 이는 인간이 예외적이며 우월하다는 인간 예외주의를 거부하는 것이며, 인간은 다른 존재들, 심지어 사물과도 분리될 수 없는 존재로서 '반려종(companion species)'[15]임을 의미한다.

반려종은 이질적인 존재의 관계들의 얽힘으로 만들어지고 자연, 문화, 담론, 제도 등이 뒤엉킨 세계와 함께 존재한다(Haraway, 2016/2021:28). 그것들은 예기치 못한 방식으로 내부 작용과 상호 작용에 의해 함께 되기로서 현실의 문제와 함께한다. 현실의 문제와 함께하는 것은 현재 살아가는 시공간과 관계를 맺는 것이다. 이것이야말로 삶과 유리되어 미래에 저당 잡힌 죽은 교육이 생기를 회복할 수 있는 유일한 길이다.

생태 문명의 새로운 교육 패러다임에서의 주체와 지식(앎), 교육의 지향으로서 윤리를 근대 문명과 비교하면 표 2

---

15) 반려종은 종을 횡단하며 서로 단단하게 얽혀 있는 존재를 분류하는 용어로, 인간 존재가 유기체뿐 아니라 사물을 포함한 모든 존재의 관계들로 얽혀 있음을 강조하는 개념이다.

16) 절합(articulation)은 관절을 뜻하는 라틴어 'articulus'에서 유래된 말로, 서로 독립적이나 연결되어 있는 상태를 의미한다.

표 2 근대 문명과 생태 문명의 패러다임 차이

	근대 문명	생태 문명
주체	대문자 인간(Man)과 대상으로 구분	취약성과 수동성을 가진 서로 얽혀 있는 존재들의 지속적인 되기로서 존재들의 관계적 행위성(relational agency)에 의해 발현되는 물질화로 구분
		↕
윤리	인간의 올바른 행동과 선한 삶을 지향하는 사람이 행하거나 지켜야 하는 규범	뒤얽힌 것을 절합(articulation)[16]하고 그에 응답하는 끊임없는 되기
		↕
지식	재현(representation)과 전수(transmission)의 대상으로, 독립적으로 존재하는 우주와 세계를 반영하거나 그에 상응하는 인식과 이해	정동을 통해 서로에게 미끄러져 들어가는 활동성과 반응성으로서, 차이 또는 새로움을 만들어 내는 잠재 가능성으로 발현되는 행위성을 통해서만 확인 가능한 것

과 같다.

근대 문명의 핵심적 특징은 인간 존재의 합리성을 중심에 둔 구분이다. 반면 생태 문명에서 존재와 인식의 특징은 연결이다. 즉, 교육의 새로운 패러다임은 교육의 중심에 인간이 아니라 관계를 둔다. 이는 존재하는 모든 것, 인간과 인간 아닌 존재 혹은 사물까지도 잠재적 생성 역량을 가지며 관계를 통해 행위성을 드러낼 수 있다고 보는데, 즉 모든 존재가 가진 능동성을 전제한다.

이러한 관점에서 교육은 관계 맺을 수 있는 인간을 양성하는 게 아니라 관계 자체를 지향한다고 볼 수 있다. 이와 관련하여 비에스타(Biesta, 1998)는 의사소통으로서 교육을 '휴머니즘 없는 교육학(pedagogy without humanism)'으로 명명하기도 했다. 이는 교육 활동이 사이 공간에서 이루어지는 관계적이고 우연적이며 응답적 특성을 가지는 관계성임을 의미한다.

관계성 자체를 교육 활동으로 접근하면 교육의 인간 중심성을 해체할 수 있다. 교육은 교사라는 독립된 주체가 학생이라는 대상을 향해 행하는 활동이 아니라 수많은 맥락과 관계, 이를 둘러싼 사회 구조, 담론, 문화 등이 지속적으로 뒤얽힌 상태에서 이루어지는 물질화 과정을 통한 지속적인 '되기'다. 그러한 되기는 연결과 접속을 통한 관계적 행위에 의해 드러난다. 따라서 교육의 시공간에서 우리는 다양한 차이와 복수성을 다원화하는 리좀적(rhizomatic) 사고[17]를 통해 지

---

17) 리좀(rhizome)은 지피 식물의 뿌리를 의미한다. 줄기가 땅에 닿아 생긴 땅속줄기가 뿌리로 번식하는 형태로 중심이 어디인지 알 수 없다는 특징이 있다. 그런 점에서 리좀은 시작도 끝도 없는 탈중심적인 수평적 생성

속적으로 새로운 되기를 시도할 수 있다.

교육의 과정은 이미 다양한 물질과 힘과 사건으로 가득 차 있는 실제 세상 속에 있는 학습자들의 힘과 생명력이자 그들만의 되기 과정 그 자체다. 따라서 그 과정에서 교사의 역할은 나름의 속성과 힘을 가진 세계 속의 학습자들의 지속적인 되기의 과정 자체에 주목하는 것이다(Olsson, 2009/2017). 서로가 서로에게 미끄러져 들어가는 활동성과 반응성으로서 정동을 통해 새로운 접속과 연결의 과정으로서 행위성, 그것이 곧 교육이 지향하는 윤리다.

올손(Liselott Olsson)은 정동이 활발할수록 복잡한 삶에서 더 많은 것을 느끼게 되고 그만큼 삶이 강렬해진다고 주장한다(Olsson, 2009/2017). 그런 점에서 교육의 시공간에서 낯선 것과의 마주침은 정동의 발현이며, 그것은 새로운 되기의 과정이 될 수 있다. 앞서 살펴본 인디고서원의 사례에서 근대 문명을 체현한 청소년들은 책 읽기, 토론, 글쓰기 등 다양한 과정 낯선 세계와 마주하는 과정에서 감각적으로 또한 각기 다른 방식으로 근대 문명의 한계와 현재 세계의 지속 가

이다. 이와 같은 리좀 개념을 토대로 '그리고, 그리고, 그리고'의 방식으로 생성, 분열이 이루어지는 존재론적 생성 원리를 설명할 수 있다(박민철 · 최진아, 2019).

능성을 위해 필요한 것을 알아 간다. 즉, 비선형적이며 우연적으로 이루어지는 학습자의 배움을 정확히 예측하는 것은 불가능하다. 그런 까닭에 교사는 학습자와 구별되어 독립적으로 존재하지 않으며 교사 역시 관계망 속에서 지속적 되기로 존재한다. 결국 가르치고 배우는 과정 역시 분리될 수 없다.

지속적인 되기의 과정은 구체적인 삶의 현실과 얽혀 있다. 삶과 얽혀 있는 문제들에 응답하는 것은 함께 세계를 만드는 과정이다. 함께 세계를 만드는 과정은 전형적이고 안정적인 홈 패인 공간[18]에서가 아니라 홈 패인 공간으로부터 탈주하고 매끄러운 유목적 공간[19]에서 가능하다.

교육에서 홈 패인 공간으로부터 탈주한다는 것은 무엇일까? 이는 기존의 전통과 관습을 비판적으로 성찰하고 자신의 문제를 세계와 연결하고 타자에 대한 이해와 공감을 토대로 한 상상력을 발휘함으로써 가능해진다. 다시 말해서 교육의 장이 정상이고 자연스러우며 꼭 필요한 것으로 정당화되는 지배 이데올로기 바깥의 목소리에 응답하는 시간과 공간으

---

18) 홈 패인 공간은 반복적 수행을 통해 규칙화된 상태를 은유하는 것으로 정상 이데올로기로 작동할 수 있다.

19) 홈 패인 공간과 대조되는 의미로, 홈 패인 공간 바깥은 정상 이데올로기 바깥이라는 점에서 예측 불가능하고 불안할 수 있으나 끊임없이 변화하는 과정에서 새로운 것을 만들어 낼 수 있는 가능성의 공간이다.

로 자리매김할 수 있다(황윤, 2018:309; 정윤경, 2020:209에서 재인용).

이것은 교육이 근대 문명의 끝자락에서 근대 문명의 한계를 성찰하고 새로운 문명으로서 생태 문명을 적극적으로 상상하고 그것을 함께 세계를 만드는 과정으로 구현하는 새로움이자 잠재 가능성임을 의미한다. 그럴 때 교육은 아직 오지 않은 세계를 만들어 가는 과정으로서 공동 생산의 새로운 이야기를 만들어 가는 과정이 된다. 이와 같은 새로운 교육 지형도를 표현하면 그림 1과 같다.

새로운 교육 지형도는 독립된 주체가 아니라 관계성으로 존재를 바라보며, 지식을 고정불변하는 것이 아니라 언제나 정동을 통해 타자에게 응답하며 새롭게 생성될 수 있는 열려 있는 것으로 본다. 또한 함께 문제를 해결하고 그에 응답하는 공동 생산적 세계를 전제한다. 이와 같이 관계로서의 교육은 모든 존재의 존재론적 평등 위에서만 현실화될 수 있다. 따라서 새로운 교육 지형도에서 교육 과정은 존재론적으로 평등한 것들이 서로 얽힘 속에서 모두의 좋은 삶을 꿈꾸며 함께 세계를 만들어 가는 과정이다.

교육은 궁극적으로 '좋은 삶'을 위한 것이다. '나'라는 존재가 다른 물질과 타자와 분리 불가능한 상태로 얽혀 있다면 나의 좋은 삶은 결국 모두의 좋은 삶과 다른 말이 아니다. 나

그림 1 새로운 교육 지형도

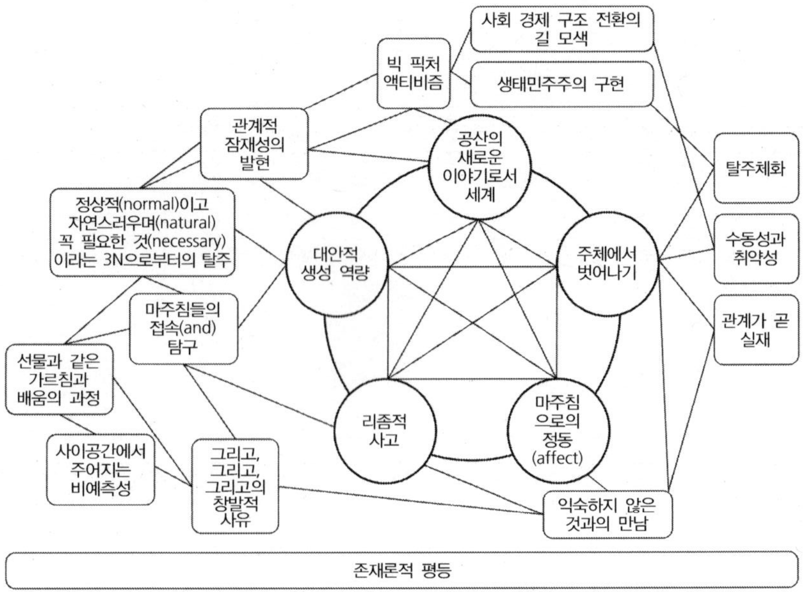

와 타자, 물질, 세계를 구분하는 근대적 주체를 전제하면서 나의 좋은 삶을 모두의 좋은 삶으로 연결하는 것은 개인의 윤리와 책임에 기댈 수밖에 없다. 그런데 근대 주체의 윤리와 책임은 자신의 삶보다 우선할 수 없다.

개별 주체들의 위태로운 삶으로 가득한 현재의 세계에서 타자에 대한 윤리와 책임을 강조하는 것은 배부른 소리로 들릴 수밖에 없다. 따라서 교육이 개인의 욕망을 공적으로 만들고, 세계 안에서 성숙하게 존재하도록 욕망의 방향을 전환하도록 하는 일종의 방아쇠 역할을 해야 한다는 주장(남미자 외, 2019)은 근대 주체를 전제로 한다면 불가능함을 의미한다. 따라서 교육이 근대 주체를 길러 내는 것에서 탈피하여 관계를 교육의 본질로 삼아야 한다.

교육 과정으로서 '서로 함께 세계 만들기'는 낯선 세계와 마주치면서 비연속적이고 비위계적인 리좀적 방식으로 응답함으로써 지금은 보이지 않는 현실이 드러나고 그 속에서 새로움을 생성해 가는 '빅 픽처 액티비즘(big picture activism)'[20]의 과정이다. 교육은 학습자의 관계망 속에서 이루어지며,

---

20) 빅 픽처 액티비즘은 노르베리-호지(Helena Norberg-Hodge)가 『로컬의 미래』에서 제시한 개념으로, 세계의 변화를 이끌기 위해 지금 보이지 않는 현실이 드러나도록 총체적인 그림을 그리는 과정을 의미한다.

그 사이에서 수많은 정동이 발생한다. 정동은 관계를 통해 발생하는 어떤 힘, 울림, 가능성이다.

근대 교육은 개인의 노력을 통해서 동일성을 성취할 수 있다는 불확실한 약속을 생성해 왔으며, 그 결과 "고립된 개인들의 경기장"(남미자, 2022:40)으로 전락해 버렸다. 모든 개인이 성취할 수 없다는 점에서 동일성에 대한 애착은 잔혹한 낙관주의[21]로 이어진다. '잔혹한 낙관주의'의 정동을 '생성적 정동'으로 바꾸어 내는 역할이 생태 문명으로의 전환을 위한 교육이 될 수 있다.

21) 로렌 벌렌트(Lauren Berlant)가 신자유주의를 특징짓는 정동으로 설명한 개념이며, 좋은 것은 얻기 어려운 것이며 그런 까닭에 그것에 대한 애착은 더 커지는 양상을 두고 이르는 말이다.

참고문헌

김동식(1971). 자연의 보호와 파괴: 새로이 등장될 공해교육. ≪새교실≫, 16권 4호, 42~44.

김신복(2017). 『교육정책, 교육발전, 국가발전. 교육정책의 역사적 변동과 전망』. 서울대학교출판문화원.

김은주(2018a). '긍정적 힘기르기'와 여성주의 리더십: 로지 브라이도티의 긍정의 윤리학. ≪한국여성학≫, 34호 2권, 117~142.

김은주(2018b). 탈근대의 윤리적 주체화와 책임의 새로운 지평: 들뢰즈와 버틀러의 윤리적 주체화. ≪한국여성철학≫, 29권, 59~86.

김정연(2020). 文 "2050 탄소제로" 선언에도…'화력발전소 7개' 뒷짐 진 정부, https://www.joongang.co.kr/article/23923290#home

김종갑(2020). 스테이시 앨러이모, 물질의 행위는 인간의 몸에 운발적 영향을 끼치는가?. 『21세기 사상의 최전선:전 지구적 공존을 위한 사유의 대전환』(199~219쪽). 이성과감성.

김종엽·정민승(2019). 『입시는 우리를 어떻게 바꾸어놓았는가』. 교육과학사.

김종철(2019). 『근대문명에서 생태문명으로:에콜로지와 민주주의에 관한 에세이』. 녹색평론사.

김지혜(2021). '버림'은 가능한가. 무해한 버림. ≪생태전환 매거진 바람과 물≫, 2호, 48~56.

김찬미(2020). 듀이의 '반성적 사고'의 의미와 사회과교육에의 적용. ≪시민교육연구≫, 52권 2호, 91~112.

김홍중(2020). 『은둔기계』. 문학동네.

남미자(2019). 교육 공공성을 바라보는 다른 시선. ≪민들레≫, 126호, 124~131.

남미자·김영미·김지원·박은주·박진아·이혜정(2019). 『학습자 주도성의 교육적 함의와 공교육에서의 실현가능성 탐색』. 경기도교육연구원.

남미자(2022). 근대적 사유를 넘어 새로운 교육지형도 그리기: 신유물론적 논의를 중심으로. ≪교육철학연구≫, 44권 1호, 27~55.

남상준(1995). 국민학교 환경교육의 발전방안. ≪환경교육≫, 8권, 14~21.

박민철·최진아(2019). 펠릭스 가타리의 생태철학: 카오스모제, 생태적 주체성 그리고 생태민주주의. ≪철학연구≫, 127집, 233~257.

박철홍(2013). 듀이 자연관에 함의된 탐구의 성격과 교과의 의미. ≪도덕교육연구≫, 25권 3호, 19~45.

송석랑(2020). 환경윤리의 환원성 제거를 위한 자연개념: 메를로퐁티의 현상학적 관점에서. ≪현대유럽철학연구≫, 56호, 321~352.

송철호(2020). [그린피플] "좋은 삶 설계하려면 환경교육이 중요하죠". ≪환경경제신문 그린포스트코리아≫, http://www.greenpostkorea.co.kr/news/articleView.html?idxno=114956

유인호(1973). 경제성장과 환경파괴: 성과와 대가에서 본 고도성장. ≪창작과비평≫, 29호, 868~896.

윤서정(2020). '되기'의 과정으로서 몸 : 들뢰즈와 브라이도티의 '되기이론'을 중심으로. ≪도예연구≫, 29권, 153~168.

윤한결·이윤영(2010). 『가치를 다시 묻다』. 궁리.

이병철(2013). 대안탐구 : 탈성장 사회로의 전환을 준비하며. ≪계간 민주≫, 7권, 171~189.

이윤영(2010). 『가치를 다시 묻다: 새로운 시대의 가치 혁명을 위하여』. 궁리.

이윤영(2021.3.30.). [청년의 소리] 어린이에게 이야기 숲을 돌려주자. 국제신문, http://www.kookje.co.kr/news2011/asp/newsbody.asp?code=1700&key=20210331.22021009723

이항우(2019). 정동과 자본: 담론, 일반 지성 그리고 정동자본주의. ≪경제와 사회≫, 122권, 243~177.

인디고서원(2013). ≪INDIGO+ing 인디고잉≫, 38호(2013년 여름호). 인디고서원.

인디고서원(2018). ≪INDIGO+ing 인디고잉≫, 61호(2018년 겨울호). 인디고서원.

인디고서원(2020). ≪INDIGO+ing 인디고잉≫, 68호(2020년 가을호). 인디고서원.

인디고서원(2021). ≪INDIGOING+ing≫, 70호(2021년 봄호). 인디고서원.

임소연(2020). 페미니스트 과학자는 낙태를 어떻게 보는가. 『21세기 사상의 최전선:전 지구적 공존을 위한 사유의 대전환』(127∼138쪽). 이성과감성.

장은주(2019). 한국의 민주시민교육: 사회적 합의의 방향과 제도화의 과제. ≪시민과세계≫, 통권 34호, 99∼134.

전경옥(2000). 근대성과 성찰적 근대화 논의에 대한 페미니스트 비판: 인식론적 가능성. ≪한국정치학회보≫, 33권 4호, 43∼62.

정윤경(2020). 교육학의 포스트휴머니즘 수용과 포스트휴먼 감응교육 탐색. ≪교육철학연구≫, 42권 4호, 187∼216.

정형철(2020). 코로나 시대에 교육을 생각한다. ≪녹색평론≫, 174호, 186∼197.

조영준(2007). 생태위기의 대안으로서 셸링 자연철학. ≪칸트연구≫, 20호, 285∼316.

최돈형·남상준·김영란·이재영(1992). 학교 환경교육 내실화 방안에 관한 조사. ≪교육월보≫, 9권, 84∼91.

최돈형·남상준·이재영·손연아(2001). 제2차 중·장기 환경교육 강화방안 연구. 환경부.

최돈형·이성희(2012). 『한국 학교 환경교육사 산책』. 한국학술정보.

최진석(2021). 유물론 이후의 유물론: 사건의 발생학, 혹은 미-래의 유물론. ≪문화/과학≫, 가을호, 43~72

홍웅선(1972). 환경교육의 기본방향. ≪공해대책≫, 13호, 21~25.

(주)환경ISI(2009). 환경30년사 편찬사업 결과보고서. 환경부.

환경교육센터(2014). 『한국의 환경교육운동사』. 이담북스.

환경일보(2006.11.12.). "왜 환경교육인가", http://www.hkbs.co.kr/news/articleView.html?idxno=94717

今村 仁司(1994). 近代性の構造. 講談社. 이수정 옮김(1999). 『근대성의 구조』. 민음사.

Alaimo, S.(2010). *Bodily natures: Science, environment, and the material self.* Indiana Univ Press. 윤준·김종갑 옮김(2018). 『말, 살, 흙 : 페미니즘과 환경정의』. 그린비.

Barad, K.(1999). Agential realism: Feminist interventions in understanding scientific practices. *The science studies reader,* 1~11. 박미선 옮김(2009). 행위적 실재론: 과학실천 이해에 대한 여성주의적 개입. ≪문화과학≫, 57호, 61~81.

Barad, K.(2007). *Meeting the universe halfway: Quantum physics and the entanglement of matter and meaning.* Duke university Press.

Beltrame-Linné(201912.12.) Greta Thunberg named Time

Person of the Year for 2019. BBC, https://bbc.com/news/world-europe-50740324

Bertelson, S. & Murphie, A.(2010). An ethics of everyday infinities and powers: Fèlix Guattari on affect and the refrain. *The Affect Theory Reader*(pp.138~158). Duke University Press. 최성희·김지영·박혜정 옮김(2015). 일상의 무한성과 힘의 윤리: 정동과 리토르넬로에 대한 가타리의 분석. 『정동이론』(236~267쪽). 도서출판 갈무리.

Biesta, G. (1998). Mead, intersubjectivity, and education: The early writings. *Studies in Philosophy and Education, 18*(4), 203~220.

Biesta, G.(2012). Giving teaching back to education. responding to the disappearance of the teacher. *Phenomenology and Practice, 6*(2), 35~49.

Bookchin, M.(1995). *Philosophy of social ecology*. Black Rose Books. 문순홍 옮김(1997). 『사회 생태론의 철학』. 솔 출판사.

Braidotti, R.(1994). *Nomadic subjects: Embodiment and sexual difference in contemporary feminist theory*. Cambridge University Press.

Butler, J. P.(2009). Giving an account of oneself. Fordham Univ Press. 양효실 옮김(2013) 『윤리적 폭력 비판:자기 자신을 설명하기』.인간사랑.

D'Alisa, G., Demaria, F., Kallis, G., Romano, O., Bonaiuti, M., & Escobar, A.(2014) *Degrowth: A vocabulary for a new era.*

Routledge. 강이현 옮김(2018). 『탈성장 개념어 사전: 무소유가 죽음이 아니듯, 탈성장도 종말이 아니다』. 그물코.

Dreyfus, H. L. & Rabinow, P.(1983). *Michel Foucault: Beyond structuralism and hermeneutics.* Chicago, IL: University of Chicago Press. 서우석 옮김(1989). 『미셸 푸코: 구조주의와 해석학을 넘어서』. 나남.

Foucault, M.(1975). *Surveiller et punir: Naissance de la prison.* 오생근 옮김(2020). 『감시와 처벌』. 나남출판.

Giordano, P.(2020). *Giordano.* SEUIL. 김희정 옮김(2020). 『전염의 시대를 생각한다』. 은행나무.

Hart, M.(1999). Affective Labor. *Boundary 2, 26*(2), 89～100

Haraway, D. J.(2008). *When species meet.* Minneapolis: University of Minnesota Press.

Haraway, D. J.(2016). *Staying with the trouble: Making kin in the Chthulucene.* Duke Univ Press. 최유미 옮김(2021). 『트러블과 함께하기 : 자식이 아니라 친척을 만들자』. 마농지.

Hunt, P. H. & Metcalf, L. E.(1968). *Teaching high school social studies: Problems in reflective thinking and social understanding*(2nd Ed.). New York: Harper & Row Publishers.

House, N. O.(2009). Ecological democracy: An environmental approach to citizenship education. *Theory & Research in Social Education,* 37, 192～214.

Hoskin, K.(1990). Foucault under examination: The crypto-educationalist unmasked. In S. J. Ball (Ed.), *Foucault and education: Disciplines and knowledge*. London: Routledge. 이우진 옮김(2007). 『푸코와 교육』. 경계.

Goze, A.(2007). *Ecologica*. Seagull Books. 임희근·정혜용 옮김(2008). 『에콜로지카』. 생각의 나무.

Guattari, F.(1979) *L'Inconscient Machinique: Essais de Schizo-Analyse*. RECHERCHES. 윤수종 옮김(2003), 『기계적 무의식 : 분열분석』. 푸른숲.

Jonassen, D. H. & Land, S.(2012). *Theoretical Foundations of Learning Environments*. Routledge. 김현진·정종원·홍선주 옮김(2012). 『학습자 중심 학습의 연구 실천을 위한 이론적 토대』. 교육과학사.

Kunstler, J.(2006). *The long emergency*. Atlantic Books , 이한중 옮김(2011). 『장기 비상시대 석유 없는 세상, 그리고 우리 세대에 닥칠 여러 위기들』. 갈라파고스.

Kyburz-Graber, R.(2013). Socioecological approaches to environmental education and research: A paradigmatic response to behavioral change orientations. *International handbook of research on environmental education*(pp.23～32). Routledge.

Latouche, S.(2010). *Pour sortir de la société de consommation: Voix et voies de la décroissance*. Année de Publication. 양상모 옮김(2014). 『탈성장 사회:소비사회로부터의 탈출』. 오래된생각.

Mirabile, R. J.(1997). Everything you wanted to know about competency modeling. *Training and Development, 51*(8), 73~77.

Negri, A.(1999). Value and affect. *Boundary 2, 26*(2), 77~88.

Morrison, A. D.(2005). Crises and capital requirements in banking. *The American Economic Review, 95*(5), 1548~1572

OECD(2005). Definition and Selection of Competencies (DeSeCo), https://www.oecd.org/education/skills-beyond-school/definitionandselectionofcompetenciesdeseco.htm

Olsson, L.(2009). *Movement and experimentation in young children's learning Deleuze and Guattari in early childhood education.* Routledge. 이연선·이경화·손유진·김영연 옮김(2017). 『들뢰즈와 가타리를 통해 유아교육 읽기』. 살림터.

Orr, D. W.(2004). *Earth in mind: On Education, environment, and the human prospect.* Island Press. 이한음 옮김(2009). 『학교를 잃은 사회 사회를 잊은 교육』. 현실문화.

Rychen, D. S. & Salganik, L. H(Eds.)(2003). *Key competencies for a successful life and a well-functioning society.* Hogrefe & Huber Publishers.

Ruddick, S.(2010).The politics of affect: Spinoza in the work of Negri and Deleuze. *Transactions of the Institute of British Geographers New Series, 37*(1), 28~43.

Schuker, S. A.(2013). How much is enough? Money and the good life. *Independent Review, 17*(4), 599~602.

Sontag, S.(2003). *Regarding the pain of others*. Picador. 이재원 옮김(2007). 『타인의 고통』. 이후.

Spinoza, B.(1677). *Ethica, ordine geometrico demonstrata*. 강영계 옮김(2007). 『에티카』. 서광사.

Taylor, A.(2017) Beyond stewardship: Common world pedagogies for the Anthropocene. *Environmental Education Research, 23*(10), 1448～1461.

Wattchow, B., R. Jeanes, L. Alfrey, T. Brown, A. Cutter-Mackenzie, and J. O'Conner(Eds.)(2014). *The socioecological educator: A 21st century renewal of physical, health, environmental and outdoor education*. Amsterdam: Springer.

Watts, J.(2020.4.22.). Earth Day: Greta Thunberg calls for 'new path' after pandemic. The Guardan, https://www.theguardian.com/environment/2020/apr/22/earth-day-greta-thunberg-calls-for-new-path-after-pandemic

WMO(2020). *The global climate(2015-2019)*. WMO. 김세원 옮김(2020). 『지구기후보고서』. WMO.

Zerzan, J.(2005). *Against civilization: Readings and reflections*. Feral House. 정승현 옮김(2009). 『문명에 반대한다』. 와이즈북.

부록
인디고 서원에서 청소년과 함께 읽은 도서

제목	저자	출판사	출간 연도
10대와 통하는 기후 정의 이야기	권희중, 신승철	철수와 영희	2021
3·11 이후를 살아갈 어린 벗들에게	다쿠키 요시미쓰	돌베개	2014
그레타 툰베리의 금요일	그레타 툰베리 외	책담	2019
기후 변화 쫌 아는 10대	이지유	풀빛	2020
김산하의 야생학교	김산하	갈라파고스	2016
내 이름은 도도	선푸위	추수밭	2017
내일	시릴 디옹	한울림	2017
달력으로 배우는 지구환경 수업	최원형	블랙피쉬	2021
무탄트 메시지	말로 모건	정신세계사	2003
미생물에게 어울려 사는 법을 배운다	김응빈	샘터사	2019
빠빠라기	투이아비	열린책들	2009

제목	저자	출판사	출간 연도
사계절 자연 수업	클레어 워커 레슬리	미래의창	2018
사라져 가는 것들의 안부를 묻다	윤신영	Mid	2014
사람의 자리	전치형	이음	2019
생명의 기억	에드워드 윌슨	반니	2016
생명의 미래	에드워드 윌슨	사이언스북스	2005
생태적 전환 슬기로운 지구 생활	최재천	김영사	2021
세계의 내일	야나, 옌스 슈타인게써	리리퍼블리셔	2020
세상은 보이지 않는 끈으로 연결되어 있다	최원형	샘터사	2016
세실의 전설	브렌트 스타멜캄프	사이언스북스	2018
센스 오브 원더	레이첼 카슨	에코리브르	2012
소로와 함께한 나날들	에드워드 월도 에머슨	책읽는오두막	2013
소로의 문장들	헨리 데이비드 소로	마음산책	2020
소로의 일기	헨리 데이비드 소로	갈라파고스	2017
손잡지 않고 살아남은 생명은 없다	최재천	샘터사	2014
쓰레기 TMI	한겨레21	한겨레21	2021
쓰레기책	이동학	오도스	2020

제목	저자	출판사	출간 연도
식물, 세계를 모험하다	스테파노 만쿠소	더숲	2020
애니멀 어벤저스	채희경	이파르	2018
오래된 미래	헬레나 노르베리 호지	중앙북스	2007
왜 플라스틱이 문제일까?	강신호	반니	2021
월든	헨리 데이비드 소로	은행나무	2011
위대한 강의 삶과 죽음	김종술	한겨레출판	2018
플라스티키, 바다를 구해줘	데이비드 드 로스차일드	북로드	2013
에콜로지카	앙드레 고르	갈라파고스	2015
제인 구달 생명의 시대	제인 구달 외	바다출판사	2021
지구별을 사랑하는 방법 100	김나나	앤의서재	2020
지구의 절반	에드워드 윌슨	사이언스북스	2017
지구인의 도시 사용법	박경화	휴	2015
착한 소비는 없다	최원형	자연과생태	2020
최원형의 청소년 소비 특강	최원형	철수와영희	2017
크리스 조던	인디고서원	인디고서원	2019
탈핵 학교	김익중 외	반비	2014

지은이

남미자

경기도교육연구원 연구위원이다. 소수자 정체성을 가지고 있으며 연구를 통해, 여성, 청소년, 성소수자 등 경계 혹은 경계 바깥의 존재들에게 곁이 되려고 노력한다. 저서로는 『탈성장을 상상하라』(공저, 2023), 『한국 교육의 오늘을 읽다』(공저, 2023) 등이 있고, 주요 논문으로는 "청소년의 정치 활동의 현실과 과제: 정치적 기본권 보장을 중심으로"(2024), "가정 밖 청소년의 시설 거주 경험에 관한 질적연구"(공저, 2024), "교사의 생태패러다임 관련 경험을 통한 교육의 생태적 전환 방향 모색"(공저, 2023), "생태패러다임(NEP)관점으로 본 고등학생의 생태 관련 교육 경험에 관한 질적연구"(공저, 2023), "학교 안 안티페미니스트 백래시 영향 요인"(공저, 2023), "성소수자 학생의 학교 경험에 관한 내러티브 탐구"(공저, 2023), "Biesta의 실천적 상호주관성 개념에 비추어 본 기술기반 미래학교 알트스쿨의 비판적 탐색"(공저, 2023) "학생 주도 교육과정 실행과정에서의 교사 행위자성 양상”(공저, 2023) 등이 있다.

이윤영

청소년을 위한 인문학 서점 인디고서원과 사단법인 정세청세에서 청소년 인문 · 문화 · 교육 활동을 하고 있다. 청소년들이 직접 만드는 ≪인디고잉≫의 편집장을 맡고 있으며, 정의로운 세상을 꿈꾸며 세계와 소통하는 청소년들을 위한 문화의 장을 만들고자 노력하고 있다. 저서로는 『인디고 바칼로레아1: 삶을 위한 질문과 토론』(공저, 2023), 『청소년 독서토론을 위한 열두 달 작은 강의』(공저, 2022), 『Doing Hope: 공감과 연대의 사회를 위하여』(책임편집, 2021), 『Doing Hope: 공감과 연대의 사회를 위하여』(책임편집, 2021), 『우리는 정의로운 세상을 만들 것이다』(공저, 2021), 『공부는 정의로 나아가는 문이다』(공저, 2020), 『Doing Democracy: 살아 있는 민주주의를 위한 삶의 기술』(공저, 2017), 『새로운 세대의 탄생: 세월호 참사에 대한 기억의 의무』(책임편집, 2014), 『운명의 주인, 영혼의 선장』(책임편집, 2013), 『가치를 다시 묻다: 새로운 시대의 가치 혁명을 위하여』(공저, 2010), 『창조적 열정을 지닌 청소년, 아름다운 세상을 꿈꾸다』(공저, 2007) 등이 있다.

이희진

경남에서 사회과교육을 공부하는 초등 교사로 초보 연구자로, '진냥'이라는 이름의 인권 활동가로 살고 있다. 반차별, 반폭력, 특히 나이주의에 대해 고민하고 있고 권위주의 · 통제에서의 탈출과 의무가 아닌 권리로서의 교육을 고민한다. 청소년인권행동 '아수나로'와 '평등한연대', 인권교육센터 '오리알'에서 활동했고 지금은 전교조, '연대하는교사잡것들', 청소년인권운동연대 '지음'에서 활동하고 있다. 최근에는 기록집 『체벌이라는 이름의 국가폭력을 기록하다』(공저, 2023) 작업에 참여했다. 주요 논문으로는 "코로나19 유행 초기 학교 공동체의 갈등 증폭 연구"(공저, 2022), "기후위기 대응 교육체제 구축과 환경학습권 보장"(공저, 2021) 등이 있다. 저서로는 『별별 교사들: 다양성으로 학교를 숨 쉬게 하는 교사들의 이야기』(공저, 2023), 『부자 되기를 가르치는 학교: 돈을 위한 경제교육을 넘어』(공저, 2023), 『체벌 거부 선언』(공저, 2019), 『연애와 사랑에 대한 십대들의 이야기』(공저, 2016) 등이 있다.

정용주

초등 교사이며 교육학을 전공했다. 교육공동체 벗에서 발행하는 격월간지 ≪오늘의 교육≫ 편집위원 겸 편집위원장을 맡아 다양한 주제로 교육을 비평하는 글을 써 왔다. 저서로는 『재난은 평등하지 않다』(공저, 2020), 『능력주의와 불평등』(공저, 2020), 『교육학의 가장자리』(2018), 『불온한 교사 양성 과정』(공저, 2012), 『가장 인권적인, 가장 교육적인』(공저, 2012), 『교육 불가능의 시대』(공저, 2011) 등이 있다.